120+ Regeln für Projektmanager

Von NASA-Experten empfohlen und verständlich
kommentiert von „Projekte leicht gemacht"

Aus dem Englischen übertragen und erläutert von
Andrea Windolph und Dr. Alexander Blumenau

© 2016 Arctic Project Lapland AB
Ringvägen 37
96030 Vuollerim
Schweden

2. Auflage
ISBN: 9789188649027

Herstellung: BoD – Books on Demand, Norderstedt

Coverdesign u.a. mit Elementen von depositphotos.com / freepik.com

Inhalt

Einleitung

Jerry Madden, der frühere Associate Director of Flight Projects im Goddard Space Flight Center, hat in über 37 Jahre seiner NASA-Tätigkeit mehr als 120 Regeln bzw. Weisheiten von und für Projektmanager aus verschiedenen Quellen gesammelt und der Öffentlichkeit zur Verfügung gestellt.

Viele dieser Regeln sind auf den ersten Blick sehr NASA-spezifisch. Das betrifft einerseits die Fokussierung auf hochkomplexe technologische Großprojekte und andererseits die ganz besondere Projektlandschaft der NASA, eingebettet in den Verwaltungsapparat der Vereinigten Staaten von Amerika.

Dennoch steckt deutlich mehr in der Sammlung als nur ein interessanter Einblick in das Projektmanagement der NASA. Schaut man genau hin und hebt man die konkreten Regeln auf eine abstraktere und damit allgemeingültige Ebene, so erkennt man schnell deren Wert für jede Form von Projekt. Auch wenn die eigenen Projekte nicht die nächste Mondlandung oder Konzept und Bau des nächsten Space Shuttles sind, so kann man doch viele wertvolle Hinweise und Tipps aus den NASA-Regeln gewinnen.

Doch Achtung: Viele der Regeln schaffen keine Kuschelatmosphäre. Jerry Madden hat seine Regeln durchaus barsch, oft auch mit einer Prise Humor formuliert. Großprojekte bei der NASA sind nicht immer ein Zuckerschlecken und verlangen eine gehörige Portion Abgebrühtheit.

Im Jet Propulsion Laboratory (JPL), einem staatlich finanzierten Forschungs- und Entwicklungszentrum der NASA, wurden diese Regeln in das Regelwerk zur Durchführung von Projekten aufgenommen.

Es existieren verschiedene Versionen der Regeln, die über die Jahre ergänzt wurden. Dieser Kommentar basiert auf der neuesten Version von 1996, wobei der sinngemäß übersetzte Originaltext zur leichteren Erkennbarkeit grau hinterlegt wurde.. Je nach Quelle erscheinen die Regeln in unterschiedlicher Reihenfolge. Ausführlichere Informationen zum Original finden sich unter folgendem Link: http://llis.nasa.gov/lesson/1956

Viel Spaß beim Lesen!

Der Projektmanager

Als Projektmanager bist du die zentrale Figur in deinem Projekt. Es gibt Teammitglieder, den Auftraggeber, den Kunden, eventuell noch weitere Geldgeber. Doch die prominenteste Rolle hat zweifelsfrei der Projektmanager.

Die besondere Herausforderung besteht in dem Kunststück, nicht nur die fachlich-inhaltlichen Themen voranzutreiben, sondern die Ergebnisse in der verlangten Qualität, zum richtigen Zeitpunkt und innerhalb des vorgegebenen Finanzrahmens zu liefern. Als wäre das allein nicht schon schwierig genug, so hast du die ehrenvolle Aufgabe, zusätzlich die unterschiedlichsten Interessen aller Beteiligten auszugleichen: Herr Pragmato aus der Produktion hat nämlich überhaupt keine Lust, auf die formalen Anforderungen von Herrn Perfekter vom Qualitätsmanagement einzugehen.

Falls du eine Zusatzqualifikation als Seelentröster vorzuweisen hast: sehr gut! Auch die kannst du wunderbar gebrauchen. Als Projektmanager liegt eine gehörige Menge an Führungsaufgaben vor dir – spätestens hier kannst du mit Fachwissen allein nicht mehr punkten.

Regel 1

„Ein Projektmanager sollte mit jedem Teammitglied, das an irgendeiner Stelle am Projekt beteiligt ist, zumindest ein Mal persönlich gesprochen haben. Er sollte auch die Manager in seinem Projekt kennen, sowohl auf Seiten der Regierung als auch auf der der Lieferanten. Und natürlich auch die Mitglieder des Integrationsteams (Anm.: Integration der Systemkomponenten in der Raumfahrt). Menschen lieben das Gefühl, wenn sich jemand für ihre Arbeit interessiert. Ein persönlicher Besuch vor Ort ist der beste Beweis, den der Projektmanager erbringen kann.“

Der Schreibtisch-Projektmanager wird nicht erfolgreich sein: Suche den direkten Kontakt zu deinem Team! Kennst du das Konzept „Management by Walking Around"? Besonders im Zeitalter der virtuellen Kommunikation kommt der persönliche Kontakt zum Team leider oft zu kurz.

Nachfragen zum Status, Hilfestellung bei kleineren Problemchen oder auch zum Gesundheitszustand der kranken Pudeldame des Mitarbeiters können wahre Wunder bewirken.

Regel 2

„Ein Projektmanager muss die Motivation und die Organisation der Auftragnehmer kennen: ihre Struktur, ihre Unternehmenskultur, ihre Richtlinien."

Das Projekt besteht nicht nur aus dem eigenen Team: Lieferanten und andere Auftragnehmer sind mindestens ebenso wichtig – und sollten ein Stückchen deiner Aufmerksamkeit abbekommen.

Regel 3

„Die Führungsprinzipien haben sich nicht geändert – nur die dazugehörigen Werkzeuge. Am Ende geht es noch immer darum, die richtigen Leute für die jeweilige Aufgabe zu finden und möglichst schnell den Weg frei zu machen, sodass diese ihre Arbeit erledigen können."

Altgediente Projektmanager sollten sich nicht durch die vielen neuen Managementwerkzeuge blenden lassen. Der Grundsatz guten Managements hat sich nicht geändert: Setze die richtigen Mitarbeiter auf das Projekt an und schaffe die Rahmenbedingungen, sodass dein Team seine Arbeit möglichst gut bewältigen kann. Dazu gehört es auch, loszulassen und dem Team nicht durch Micromanagement das Leben unnötig zu erschweren.

Regel 4

„Mit wem auch immer du im Projekt zu tun hast: Spiel fair! Die Raumfahrt-branche ist überschaubar. Du wirst überrascht sein, wie oft du die gleichen Leute zu einem späteren Zeitpunkt wiedertriffst und mit ihnen arbeiten musst. Vieles fällt leichter, wenn du respektiert wirst und niemand einen Groll gegen dich hegt."

Fairness und Respekt untereinander sollten für dich selbstverständlich sein. Muss das überhaupt ausdrücklich erwähnt werden? Leider schon. Zu verführerisch können taktische Spielchen oder das bewusste Zurückhalten von Informationen sein – schließlich stehen die eigenen Interessen im Vordergrund.

Auch im Projektgeschäft gilt: Man trifft sich immer zwei Mal im Leben – und in der kleinen Welt eines Konzerns sicher noch viel häufiger.

Regel 5

„Bösartige, verachtenswerte und sogar durch und durch unbeliebte Personen können Projektmanager sein. Verlorene Seelen, Aufschieber und Wischiwa-schi-Typen nicht."

„Wenn du als Chef beliebt bist, hast du was falsch gemacht." (TV-Alb-traum-Chef Bernd Stromberg)

Selbstverständlich willst du kein Chef wie Bernd Stromberg sein. Dennoch: Allein von Beliebtheit kannst du dir nichts kaufen. Im Zweifel ist es wichtiger, den Job zu erledigen, als von den Kollegen wertgeschätzt zu werden. Manchmal müssen unangenehme Entscheidungen gefällt werden – und da hilft kein Kuschelkurs.

Vorsicht: Dies ist kein Appell an unfaires, hartes Verhalten: Entscheidungen sollten immer sachlich fundiert und das eigene Handeln berechenbar und fair sein. Siehe auch Regel 4.

Regel 6

„Ein gelassener Projektmanager ist der, der gerade sein nächstes Projekt erwartet – oder auch der, der gerade am Rande des Scheiterns steht. Sicherheit gibt es kaum im Projektmanagement."

Wer die Vorhersehbarkeit und Sicherheit liebt, wird als Projektmanager in der Regel verzweifeln. Du kannst noch so viel planen: Dein Projekt wird sich immer wankelmütig verhalten und unvorhergesehene Ereignisse magisch anziehen.

Lässt sich das vermeiden? Nein.
Musst du damit leben? Ja.

Also sieh es gelassen. Das ist nun einmal der Job – und genau diese Herausforderungen machen ihn so spannend.

Regel 7

„Ein Problem speziell für neue Projektmanager: Jeder will ihre Probleme lösen. Erfahrene Manager hören vom oberen Management lediglich die Aussage: ‚Löse deine verdammten Probleme allein – dafür haben wir dich engagiert.'"

Sobald dir ein Projekt mit der Haltung „Mach mal!" übertragen wird, hast du es geschafft. Wenn dir niemand mehr Hilfe anbietet und reinreden möchte, wirst du als Könner angesehen. Das ist eine zweifelhafte Ehre? Nein, denn erst dann kannst du wirklich selbständig deinen Job tun: Das Projekt managen.

Regel 8

„Ständige Eile, andauerndes Hetzen können das eigene Nachdenken erschwe-
ren. Du benötigst Ruhe, um die schönen Dinge des Lebens wahrzunehmen.
Entsprechend bedeutet das für deine Arbeit: Du musst dir Zeit nehmen, um
die Konsequenzen für dein Handeln abschätzen zu können."

Innehalten und Reflektieren scheinen in der heutigen Zeit eher zum Bereich
Meditation und Achtsamkeit zu gehören – und sind doch im Projektalltag
von unschätzbarem Wert. Das fokussierte Sprinten in Richtung Ziel ist
nicht der beste Weg: Du könntest den Stolperdraht übersehen oder den
Zuschauer bei deinem ersten Marathon, der dir kurz vor der Ziellinie die
rettende Banane reicht.

Plane von Beginn an Zeiträume ein, in denen du ungestört über den Projektstatus schaust, mögliche Schwachstellen identifizierst und Gegenmaß-
nahmen einleitest. Du meinst, dafür wäre nicht genügend Zeit, weil inhalt-
liche Probleme drängen? Als Projektmanager ist es genau deine Aufgabe,
dir Zeit für diese Management-Aufgaben zu nehmen.

Regel 9

„Der Chef mag nicht immer wissen, wie man die Arbeit im Detail erledigt.
Aber ihm muss klar sein, welches genaue Ergebnis er sehen will. Wenn er
es nicht weiß, sollte er schleunigst herausfinden, welche Erwartungen er hat.
Eine blinde Führungskraft läuft schnell im Kreis – sehr zum Leidwesen seiner
Untergebenen."

Es gibt kaum etwas Schlimmeres, als eine unberechenbare Führungskraft. Hättest du Lust, die Arbeit von gestern in den Papierkorb werfen zu
müssen, weil sich die Meinung deines Chefs schon wieder geändert hat?
Um womöglich übermorgen einen Rüffel zu erhalten, weil die ‚Doch-nicht-
mehr-wichtige'-Aufgabe noch nicht abgeschlossen wurde?

Das schafft nicht nur Frustration, sondern kostet unnötig Geld.

Solltest du als Chef spüren, dass du in deiner Haltung zu einem Thema oder in einer Entscheidung unsicher bist, dann tue alles dafür, um diese Unsicherheit zu beheben: Dein Team wird es dir danken – und dein Projektbudget auch.

Regel 10

„Nicht alle erfolgreichen Manager sind kompetent, und nicht alle gescheiterten Manager inkompetent. Glück spielt immer eine große Rolle, sowohl im Erfolg als auch im Misserfolg . Allerdings spielt das Glück eher dem kompetenten und hart arbeitenden Manager in die Hände."

Natürlich kann ein inkompetenter Projektmanager Glück haben – aber nicht sein ganzes Berufsleben lang. Auf lange Sicht wirst du nur mit Kompetenz und harter Arbeit erfolgreich sein. Hier sollte hinzugefügt werden: Sofern du weißt, wie du deine Leistungen gut präsentierst. Wer am lautesten brüllt, hat auch im Projektgeschäft leider oft Vorteile gegenüber dem unscheinbaren, aber fleißigen Projektmanager.

Kompetenz und harte Arbeit sind die Basis – nun müssen die Ergebnisse ‚nur' noch verkauft werden. Stichwort: Projektmarketing. Mache dir klar, wem an der Umsetzung deines Projektes gelegen ist und werbe gezielt für deine Sache.

Regel 11

„Verschwende keine Energie, um dich für eine Kränkung oder einen Angriff zu revanchieren. Das macht keinen guten Eindruck, außerdem begibst du dich auf die gleiche Ebene der anderen Person. Ganz nebenbei schadet es vermutlich auch dem Projektfortschritt."

Viele Projekte sind kein Ponyhof, auf dem du täglich gefüttert und gestreichelt wirst – sie sind ein Job. Sachliche Angriffe sind Alltag – leider auch unsachliche Kränkungen und Attacken. Sieh diese Ärgernisse als Teil deines Berufs an und begegne ihnen gelassen.

Dein Fokus sollte auf den Projektergebnissen liegen. „Mir hat jemand die Schaufel weggenommen"· oder „Meine Schaufel ist schöner als deine"·Konflikte gehören in den Sandkasten. Lass dich nicht auf dieses Niveau herab, so schwer es manchmal auch fallen mag.

Regel 12

„Sei nicht so auf dein eigenes Ego bedacht, dass du deine Position und Meinung nicht mehr ändern kannst – besonders, wenn dein Team dir mitteilt, dass du falsch liegst. Schaffe eine Grundstimmung im Projekt, in der deine Mitarbeiter wissen, dass sie dich bei fehlerhaften Entscheidungen jederzeit warnen dürfen."

Die folgenden Regeln kennt man leider nur zu gut:

„Paragraph 1 – der Chef hat immer recht.
Paragraph 2 – hat der Chef einmal nicht recht, tritt automatisch Paragraph 1 in Kraft."

Wenn du keinen Widerspruch duldest und keine eigenen Meinungen zulässt, hast du einen großen Schritt in Richtung Titel „Schlimmster Chef des Jahres" getan. Deine Haltung sollte das Gegenteil ausstrahlen: „Hey, wenn ihr meint, ich habe falsch entschieden, dann sagt mir das!" Das hebt die Stimmung im Team und kann dich vor folgenschweren Fehlern bewahren.

Regel 13

„Ein Manager, der sein eigener Systemingenieur oder Finanzcontroller ist, wird eher dazu tendieren, eine Operation am offenen Herzen persönlich an sich selbst vorzunehmen."

Würdest du dich als Arzt selbst am offenen Herzen operieren? Schneidet der Friseur sich selbst die Haare?

Falls es sich nicht vermeiden lässt, dass du auch tiefgreifend inhaltlich arbeitest, dann mache dir immer wieder deine unterschiedlichen Rollen bewusst: Versetze dich bewusst in die Rollen des Fachexperten und – oft viel schwieriger – in die Rolle des Projektmanagers, um auf der jeweiligen Ebene die passenden Entscheidungen treffen zu können.

Regel 14

„Die meisten Manager sind aufgrund der Stärke und Qualifikation ihrer Mit-arbeiter erfolgreich."

Deine Leute sind alles. Ohne dein Team wirst du keine Chance haben, dein Projekt erfolgreich abschließen zu können. Sorge mit deinem Handeln dafür, dass sie motiviert sind, und tue alles, um demotivierende Faktoren auszuschalten.

Du weißt nicht, wo du anfangen sollst? Berechenbares Verhalten und sach-lich fundierte Entscheidungen sind immer ein guter Anfang.

Initiale Planung

Diesem Thema wurden nur zwei Regeln zugeordnet. Ist es deshalb unwichtig? Ganz im Gegenteil! So gern man lästige Planungsschritte und Vorarbeiten gern überspringen möchte, weil die „eigentliche Arbeit" getan werden muss – dem Projekt wird das nicht gut tun. Im Gegenteil.

Erwiesenermaßen hat die Planungsphase den größten Einfluss auf die Projektgesamtkosten. Nutze diesen Zeitraum, um dich intensiv mit Anforderungen, Stakeholdern, Risiken und ganz besonders einer genauen Zieldefinition auseinanderzusetzen.

Regel 15

„Die Basis für Probleme wird schon sehr früh gelegt. Frühzeitiges Planen ist der wichtigste Teil eines Projektes. Projektreviews der meisten gescheiterten Projekte zeigen deutlich, dass die späteren Krisen und Katastrophen bereits in der Planungsphase ihren Ursprung hatten."

„Sage mir, wie dein Projekt beginnt, und ich sage dir, wie es endet."

Diese Projektweisheit ist nicht nur so dahergesagt, sondern die logische Schlussfolgerung von abgeschlossenen Projekten. Können mit initialer Planung alle Risiken ausgeschlossen werden? Nein. Können alle Missverständnisse vermieden werden? Absolut nicht.

Aber könnten Interessen der Stakeholder und limitierende Faktoren aus dem Umfeld des Projektes schon früh erkannt werden? Garantiert!

Wenn du nur Zeit für eine einzige Projektmanagement-Methode zur Verfügung hättest – dann solltest du sie in eine klare Zieldefinition investieren. Damit stellst du nicht sicher, dass das Projekt erfolgreich ist – aber ohne definiertes Ziel, wird es garantiert scheitern. Und sei es nur deshalb, weil niemand weiß, wann das Projektergebnis erreicht wurde.

Regel 16

„Fehlstarts sind in der heutigen Zeit üblich geworden. Viel mehr als früher muss du ein offenes Ohr für den Startschuss haben und bereit sein, schnell und organisiert zu loszulegen, sobald du ihn gehört hast. In der Vergangenheit ist es häufig passiert, dass das Projekt(team) den eigentlichen Startschuss überhört hat oder direkt vom Startblock aus auf die Nase fiel."

Sei immer vorbereitet und bereit, um organisiert und geplant ins Projekt zu starten. Was du nicht tun solltest: Zu früh losrumpeln ohne Plan und Ziel. Insbesondere eine saubere Auftragsklärung mit eindeutig definierten Anforderungen und Zielen ist unabdingbar für die Durchführung eines Projektes.

Kommunikation

Solange Maschinen und Computer noch nicht eigenständig Projekte abwickeln können, wird immer der Mensch im Mittelpunkt der Projektarbeit stehen. Fachlich und organisatorisch starke Projektmanager können grandios scheitern, wenn sie den „Faktor Mensch" außer Acht lassen.

Das Thema Kommunikation scheint zwar jedem bewusst zu sein, oft enthält es jedoch keine besondere Beachtung: Zwischenmenschliche Kommunikation passiert schließlich ganz automatisch. Doch speziell in Projekten geht es um mehr, als nur Informationen auszutauschen. Stattdessen müssen sie gezielt an die richtigen Stellen verteilt und teils informelle Wege gesucht werden, um das eigene Projekt voranzubringen und nach außen zu vertreten.

Regel 17

„Gute Kommunikation und Frühwarnsysteme sind essentiell für die Durchführung von gemeinsamen Vorhaben. Ein Projektmanager sollte versuchen, seine Partner darüber auf dem Laufenden zu halten, was gerade passiert. Er sollte auch derjenige sein, der sie als Erster über Gerüchte oder Planänderungen informiert. Partner sollten immer einbezogen werden, bevor Dinge festgelegt werden – auch wenn es sich nur um Kleinigkeiten handelt. Lässt ein Projektmanager seine Partner im Dunkeln, wird er umgekehrt genau so behandelt und als unzuverlässige Person ohne Integrität wahrgenommen werden."

Machen wir uns nichts vor: Kommunikation ist Arbeit und kostet Zeit. Es ist nicht damit getan, ab und zu einen Statusbericht per Mail zu versenden. Plane von Beginn an Zeiten speziell für Kommunikationsmaßnahmen ein. Je größer dein Projekt ist und je mehr Stakeholder beteiligt sind, desto mehr Zeit ist dafür notwendig.

Besonders wesentlich ist dies vor finalen Festlegungen. Oft haben auch scheinbar kleine Entscheidungen bei den Partnern größere Konsequenzen als dem Projektmanager bewusst ist.

Durch aktives Reden mit deinen Beteiligten stellst du sicher, dass du erstens frühzeitig wichtige Informationen erhältst und zweitens als Projektmanager wahrgenommen wirst, der sich um die Belange der Partner kümmert und das Projekt im Griff hat.

Regel 18

„Kommunikation ist echte Arbeit. Doch die beste Art, ein personalbezogenes oder technisches Problem zu verstehen, liegt darin, mit den richtigen Personen zu sprechen. Fehlt die Kommunikation auf den passenden Ebenen, so kann dies tödlich enden."

Wer weiß in der Regel am besten über ein inhaltliches Problem Bescheid? Ist es der Teilprojektleiter, der über zwei Ebenen die Informationen an dich weiterreicht? Wohl kaum.

Um genau zu verstehen, wo der Schuh drückt, gehe direkt auf die Teammitglieder zu, die an der Aufgabe arbeiten. Während du dein fachliches Verständnis erhöhst, baust du nebenbei eine bessere Beziehung zum Mitarbeiter auf – perfekt!

Regel 19

„Die meisten internationalen Meetings werden auf Englisch abgehalten. Dies ist für viele Teilnehmer wie Amerikaner, Deutsche, Italiener usw. eine Fremdsprache. Ausreichende Diskussionen sind wichtig, um Missverständnisse zu vermeiden."

Dass unsere Projekte internationaler werden, liegt auf der Hand. Sorge in solchen Besprechungen dafür, dass alle Beteiligten dem Inhalt folgen können. Lasse Verständnisfragen zu, rege Diskussionen an und schau vielleicht noch ein klein wenig genauer hin, sobald du Missverständnisse witterst.

Nicht ohne Grund wurden in der Regel auch Amerikaner genannt: Auch innerhalb einer Sprache kann es Missverständnisse geben, die durch Diskussionen und verständliche Formulierungen vermieden werden können.

Regel 20

„Egal, auf welchem Gebiet du tätig bist: Du wirst nicht umhin kommen, dich mit den sprachlichen Eigenarten zu beschäftigen. Weiterbildung ist ein absolutes Muss für den modernen Manager. Es gibt überall einfache Kurse, um dir das entsprechende Fachchinesisch anzueignen. Wenn man nicht versteht, was gesagt oder geschrieben wird, kann man nicht managen."

Immer wieder heißt es, dass ein Projektmanager keine tiefen inhaltlich-fachlichen Kenntnisse besitzen muss. Tatsächlich neigen fachlich zu stark involvierte Projektmanager häufig dazu, sich zu sehr in die Rolle des Fachexperten zu begeben.

Das ist bis zu einem gewissen Grad richtig. Dennoch sollte genügend Wissen vorhanden sein, um zumindest die Fachbegriffe zu kennen und Grundlagen zu verstehen. Du kannst ein Team nicht führen, wenn du seine

Sprache nicht verstehst. Viele Kenntnisse wirst du im Projektverlauf ganz automatisch aufbauen können. Doch es schadet es nicht, sich vorab zu informieren, um die Sprache der Projektbeteiligten zu sprechen.

Regel 21

„Es gibt noch immer Personen, die der Meinung sind, dass wichtige Entscheidungen in Meetings getroffen werden. Das ist nur selten der Fall. Normalerweise treffen sich Entscheidungsträger zum Mittag oder fällen eine Entscheidung in einer kurzen Vorabbesprechung. Anschließend lässt man den Beschluss im offiziellen Diskussionsmeeting so erscheinen, als wäre er auf Basis dieser Diskussion getroffen worden."

Große Diskussionsmeetings sind ein schlechter Rahmen für wichtige Entscheidungen. Daher werden diese von den Entscheidungsträgern meist schon gefällt, lange bevor das Problem offen zur Diskussion gestellt wird. Dies mag den einen oder anderen desillusionieren, ist aber oft die gelebte Praxis.

Dennoch darf man nicht vergessen, dass solche Diskussionen jedem nachträglich die Möglichkeit geben, gehört zu werden. Sollte den Entscheidern eine wichtige Information erst in dieser Runde zu Ohren kommen, so kann im Bedarfsfall noch umentschieden werden – auch wenn das in der Praxis sicher die Ausnahme darstellt.

Regel 22

„Ein Teammeeting sollte minimal fünf Minuten dauern, maximal eine Stunde. Dauert es weniger als fünf Minuten, war das Meeting vermutlich unnötig. Ist es länger als eine Stunde, wird es zu einem Debattierclub."

Über den Sinn und Unsinn von Meetings wird viel diskutiert. Fakt ist: Viele Meetings sind verschenkte Zeit. Das liegt allerdings nicht zwangsläufig am „Konzept Meeting" an sich, sondern vor allem an ungenügender Vorberei-tung, schlechter Moderation und unklaren Zielen.

Sieh jedes Meeting als Mini-Projekt an und gehe entsprechend ressour-censparend und zielorientiert damit um. Strukturiere das Meeting im Vor-aus, um einen klaren Leitfaden an der Hand zu haben und bei Ablenkun-gen reagieren zu können.

Menschen

Dass neben Führung und Kommunikation die Menschen in einem eigenen Abschnitt aufgeführt werden, zeigt erneut die immense Bedeutung des „Faktors Mensch" in jedem Projekt.

Regel 23

„Du kannst nicht alles überwachen. Was du überwachen kannst, sind die Menschen. Sie müssen wissen, dass du keine Leistungen in schlechter Qualität akzeptieren wirst."

Ein Mitarbeiter, dessen mittelmäßige Leistung akzeptiert wird, erbringt mit hoher Wahrscheinlichkeit auch weiterhin diese Qualität. Das spricht nicht für eine hohe intrinsische Motivation des Mitarbeiters oder für ein Streben nach Perfektion – liegt aber in der Natur des Menschen.

Es ist deine Aufgabe, unmissverständliche Qualitätsmaßstäbe zu setzen und zu definieren, in welcher Güte Ergebnisse abzuliefern sind.. Menschen streben gern nach Zielen – es muss sie nur geben.

Regel 24

„Wir leben in einer Zeit, in der das Eigeninteresse der meisten Menschen wichtiger ist, als die zu erledigende Arbeit – zumindest erscheint es älteren Managern so. Es scheint ebenfalls so, als wäre den Jüngeren die Form wichtiger als der Inhalt. Die Frage ist: Haben ältere Manager recht oder sind sie einfach nur alt? Ziehe beide Standpunkte in Erwägung."

Besonders in über Jahrzehnten gewachsenen Projektumgebungen gibt es auf der einen Seite die alten Pragmatiker mit ihrer Erfahrung und dem technisch-inhaltlichen Hintergrundwissen. Auf der anderen Seite stehen die Jungen, die sich zu Beginn vor allem auf ihr methodisches Wissen verlassen können. Zumindest war dies lange Zeit bei der NASA so und gilt vor allem in sehr technisch geprägten Umgebungen auch heute noch.

Dass unterschiedliche Generationen unterschiedlich ticken, sehen wir nicht nur in Projekten. Wie so oft hilft es, beide Standpunkte zu betrachten und das Beste aus allen Welten zu nutzen. Lassen sich beide Seiten offen aufeinander ein, ohne den anderen übertrumpfen zu wollen, kann dies zu erstaunlichen Ergebnissen führen.

Regel 25

„Ein fähiger Techniker, Qualitätsbeauftragter oder Teamleiter ist wichtiger für die Herstellung eines guten Produktes als alle Formulare und Berichte."

Ein Zitat, das die „Macher" im Projekt jubeln lässt: Die Arbeit muss getan werden – all die Bürokratie hält nur auf!

So radikal ist dies natürlich nicht zu verstehen. Gewiss muss es eine Dokumentation geben, auch die ein oder andere Formalie. Doch ohne die richtigen Fachkräfte, ohne entsprechende Mühe bei den Projektinhalten, nützt der größte bürokratische Aufwand nichts.

Regel 26

> *„Die Quelle der meisten Probleme sind die Menschen selbst – aber das würden sie verdammt nochmal niemals zugeben. Du solltest die Teammitglieder deines Projektes genau kennen, um zu wissen, wo die schwachen Stellen liegen."*

Wann kommt es schon einmal vor, dass in einem Team nur die absoluten High-Performer zusammenarbeiten? Selten. Vermutlich nie. Und selbst diese haben Schwächen.

Die Mischung macht's! Falls es in deinem Team Schwachstellen gibt, so versuche, diese zu hinterfragen: Erledigt der Mitarbeiter die für ihn passenden Aufgaben? Wäre er an anderer Stelle effektiver einsetzbar? Kann er gefördert werden oder Unterstützung erhalten?

Falls du wirklich ein „faules Ei" im Team hast, dann hilft dir diese Erkenntnis zumindest insofern weiter, dass du ihm die kritischsten Aufgaben bestimmt nicht überträgst.

Regel 27

> *„Achte genau auf Workaholics: Arbeiten sie in die falsche Richtung, können sie in kurzer Zeit großen Schaden anrichten. Es ist leicht, sie zu überlasten und einen Burnout zu riskieren. Dieser ist jedoch schwer festzustellen, weil ein Großteil der Belastung von der Person selbst generiert wird. Achte darauf, dass Workaholics genügend Freizeit haben und die Arbeitsbelastung nicht mehr als ein Viertel oder die Hälfte über der Normalbelastung liegt."*

Burnouts und andere stressbedingte Krankheiten werden heutzutage immer häufiger thematisiert: Unsere Zeit ist schnelllebig und die Anforderungen steigen ständig. Sorge dafür, dass dein Team ausreichend Ausgleich bekommt, und schütze vor allem die hochmotivierten Mitarbeiter vor sich selbst. Einem Workaholic sieht man seine Belastung von außen meist nicht an, selbst wenn er kurz vor dem Burnout steht. Achte daher auf die langfristige Stundenbelastung deiner Projektmitarbeiter und greife notfalls ein.

Wichtig: Denke in diesem Zusammenhang auch an deine eigene Arbeitsbelastung. Das gesamte Projekt nimmt Schaden, wenn du selbst als zentrale Ressource ausfällst.

Regel 28

„Versuche immer, auf der niedrigsten Hierarchiestufe zu verhandeln. Schließlich willst du die Unterstützung von der Person, die die Arbeit erledigt. Je enger du direkt mit ihr verhandeln kannst, desto besser."

Verhandle über Ressourcen hierarchisch möglichst nah an dem Mitarbeiter, der später die Arbeit erledigen soll. Wenn du einen Elektriker für dein Projekt brauchst, dann verhandle nicht mit dem Bereichsleiter, sondern mit dem Abteilungs- oder Teamleiter des Elektrikers als direkten Vorgesetzten, falls dieser die Befugnis hat, über den Einsatz zu entscheiden. Ist der Teamleiter aufgrund fehlender Kapazitäten nicht kooperativ, kannst du immer noch nach oben eskalieren.

Vorsicht: Nach dieser Regel wäre es ideal, mit dem Elektriker direkt zu „verhandeln". Gerade wenn man einen guten persönlichen Draht zu den Leuten hat, werden schnell Zusagen gemacht. Das kann kurzfristig zwar Vorteile für das Projekt bringen („Kannst du mir das mal eben verkabeln, wir brauchen hier Hilfe?"), aber bei sichtbarem Aufwand wird sich der direkte Vorgesetzte schnell übergangen fühlen. Das führt oft zu bösem Blut und langfristig schnell zu Blockadehaltungen.

Regel 29

„Wenn ein Teammitglied niemals nachfragt, analysiert oder dich sogar nicht einmal anschaut: Bitte um Versetzung dieser Person."

Wenn ein Mitarbeiter nicht aufmerksam ist und keine Reaktion erkennen lässt, dann ist er mit Sicherheit nicht interessiert, oder er versteht schlichtweg nicht, was von ihm erwartet wird.

Es mag sein, dass ein Mitarbeiter einfach zurückhaltend ist. Doch wie kann ich die Spreu vom Weizen trennen? Gezieltes Nachfragen und Einholen von Statusmeldungen kann Abhilfe schaffen – da haben wir wieder das Thema „Kommunikation"!

Regel 30

„Persönliche, freie Zeit ist sehr wichtig. Als Manager muss dir der Wert von Zeit für andere Menschen bewusst sein: Welche Aufgaben werden vergeben? Sind die Meetings wirklich nötig? Wann immer möglich, solltest du dein Team von unnötiger Arbeit abschirmen. Beispiele: Einige Anforderungen sollten ignoriert oder konsequent abgelehnt werden."

Ungestörte Zeit ist die Zeit, in der die meiste Arbeit erledigt wird. Je häufiger deine Leute unterbrochen werden, desto länger werden sie für ihre Aufgaben benötigen. Hinterfrage immer, wann und wie du ihre Zeit in Anspruch nehmen möchtest.

Es ist deine Aufgabe, dein Team vor ausuferndem Arbeitspensum zu schützen. Es gibt ständig neue Anforderungen und Änderungswünsche seitens des Auftraggebers? Falls während der Phase der Auftragsklärung etwas schiefgelaufen ist, sollte das nur in Ausnahmefällen dein Team ausbaden müssen.

Regel 31

„Personen, welche die Arbeit lediglich überblicken und nicht an der Umsetzung beteiligt sind, scheinen nie genau zu wissen, was vor sich geht. Fazit: Mitten im Thema zu stehen ist der Schlüssel für den Erfolg!"

Mittendrin, statt nur dabei!

Klar ist: Als Projektmanager ist es ein Muss, den Überblick über das Projekt zu behalten und sich eben nicht im Klein-Klein zu verzetteln. Das bedeutet allerdings nicht, das Projekt vom Elfenbeinturm aus zu leiten. Finde den goldenen Mittelweg: Geh an die Basis, erwerbe ein Verständnis für die Hintergründe, mach mit – aber ohne deinen Leuten auf die Füße zu treten. Zeige Interesse und pack dort mit an, wo du qualifiziert bist.

Regel 32

„Es gibt kaum eine größere Motivation, als einem guten Mitarbeiter ein eigenes Puzzlestück an Verantwortung zu übertragen. Aber auch ein Schulterklopfen oder eine Belohnung ist ein guter Anfang."

Du hast gute Leute im Team? Gratuliere! Oft kannst du sie motivieren, indem du ihnen Verantwortung überträgst. Das kann im Kleinen beginnen, indem du sie einzelne Arbeitspakete koordinieren lässt, oder aber durch übertragene Verantwortung eines eigenen Teilbereichs im Projekt.

Das ist nicht möglich? Dann mache zumindest deutlich klar, dass du die gelieferte Leistung siehst und wertschätzt. Bedenke auch, dass nicht alle Mitarbeiter nach Verantwortung streben. Manche sind vollkommen zufrieden damit, Aufgaben auf Anweisung hin auszuführen.

Regel 33

„Meist sind es die inkompetenten Personen, die ihre Arbeit nur ungern präsentieren."

Menschen präsentieren erfolgreiche Ergebnisse gern – sind sie doch Nachweis der eigenen Kompetenz und des Bemühens. Solange dir gute Ergebnisse gezeigt werden, musst du dir keine Gedanken machen.

Solltest du hellhörig werden, wenn du kein Feedback bekommst? Vielleicht. Wie ein Schüler, der seine Hausaufgaben in den letzten zwei Minuten vor der Mathematikstunde erledigt hat, könnte die Ursache in der mangelhaften Ausführung einer Aufgabe liegen. Vielleicht handelt es sich aber auch lediglich um einen zurückhaltenden Mitarbeiter, dem es nicht wichtig ist, sich und seine Aufgabe zu präsentieren. Als Projektmanager solltest du in der Lage sein, diese unterschiedlichen Typen im Team zu erkennen. Fordere die Präsentation ein, um die inkompetenten Mitarbeiter zu identifizieren.

Regel 34

„In seltenen Fällen gibt es nur eine einzige, bestimmte Person, die für eine spezielle Aufgabe wirklich geeignet ist. Meist trifft das auf technische Aufgaben zu, die eine größere Spezialisierung als gewöhnlich verlangen. Ist das der Fall, so wertschätze diese Person, aber lass sie die Arbeit so früh wie möglich hinter sich bringen. Die Aufgabe an eine andere Person zu übergeben dauert meist zwei bis drei Mal länger, und das Ergebnis ist meist von geringerer Qualität."

Die Aufgabe sollte deshalb so früh wie möglich erledigt werden, weil du nie weißt, wie lange dir eine Ressource unabhängig von eventuellen Zusagen tatsächlich zur Verfügung steht. Der Mitarbeiter könnte erkranken oder dringend in einem Projekt mit höherer Priorität benötigt werden.

Was du schon in der Tasche hast, kann dir niemand mehr nehmen – was du nur geplant hast, schon.

Regel 35

„Menschen haben Gründe dafür, wie sie bestimmte Dinge tun. Die meisten Menschen wollen gute Arbeit abliefern. Wenn sie es nicht tun, liegt das Problem vermutlich darin, dass sie nicht genau wissen, wie sie die Aufgabe erfüllen sollen oder was genau erwartet wird.“

Wir können vom guten Willen im Menschen ausgehen: Nur in Ausnahmen wollen Mitarbeiter einem Projekt ganz bewusst schaden – und dann hast du echte Probleme.

Bist du mit der Leistung eines Mitarbeiters nicht zufrieden, dann hinterfrage genau die Ursachen: Gab es Missverständnisse? Wurde die Aufgabe nicht richtig verstanden? Gab es Probleme bei der Ausführung? Oder (wie unangenehm): Hast du vielleicht die Aufgabenstellung nicht klar genug formuliert?

Regel 36

„Falls du zur Problemlösung zusätzliche Personen heranziehen musst, dann mache dies wie der Koch, der zu wenig gesalzen hat.“

„Viele Köche verderben den Brei“ – um im Küchenumfeld dieses Zitats zu bleiben. Fragst du fünf verschiedene Personen zur schnellen Lösung eines Problems, erhältst du im schlimmsten Fall fünf verschiedene Antworten. In Ausnahmefällen mag dies hilfreich sein, in der Regel jedoch wird es nur zu vielen Diskussionen und Unmut führen – besonders dann, wenn es fünf gute Vorschläge sind.

Gehe daher schrittweise vor und ziehe nacheinander die Personen hinzu, die dir am ehesten behilflich sein können. Achte darauf, das Projekt nicht zu „versalzen". Nicht jedes Problem benötigt einen mehrstündigen Besprechungsmarathon mit einer Vielzahl von zusätzlichen Fachexperten.

Berichte und Protokolle

Kaum ein Projektmanager schreibt gern Berichte und Protokolle. Oft genug werden sie als Zeitverschwendung angesehen, die von der eigentlichen Arbeit ablenken. Der Appell dieses Kapitels: Mache das Beste aus den Dingen, du die nicht ändern kannst.

Regel 37

„Bei der NASA wurde eine Anzahl von Gutachtern und eine Anzahl von Reviews eingeführt. Sobald das System arbeitet, wird es darum kämpfen, am Leben zu bleiben – also hole das Beste für dich dabei heraus. Suche einen Weg, der die Reviews für dich arbeiten lässt."

Kaum einen Projektmanager wird es begeistern, wenn sein Projekt einem Review unterzogen wird. Zu oft wird das Gefühl vermittelt, es würden Fehler und Schuldige gesucht. Oder aber dem Projektleiter würde nicht zutraut, seine Arbeit richtig zu erledigen.

Du wirst diese Prüfungen kaum verhindern können, mache also das Beste daraus. Nutze sie, um deine eigene Arbeit zu hinterfragen und Wege zu entdecken, Dinge evtl. anders oder besser zu machen. Sieh die Gutachter als Verbündete an, die auch nur ihren Job erledigen, der letztendlich allen hilft. Je mehr du dich gegen sie sträubst, desto schwieriger wird die Zusammenarbeit.

Regel 38

„Die Anzahl von Reviews und angeforderten Berichten steigt, aber die ver-langten Informationen sind die gleichen. Berücksichtige das bei der Erstellung von Diagrammen und Präsentationen: Die meisten deiner Folien und Doku-mente sollten so aufgebaut sein, dass du sie in unterschiedlichster Reihenfolge immer wieder verwenden kannst."

Als cleverer Projektmanager besitzt du ein paar Standardfolien, die du nur zwischen verschiedenen Präsentationen hin- und herschieben und mini-mal anpassen musst. Es schadet nie, noch einmal die Projektziele zu ver-deutlichen und Antworten auf die folgenden Fragen zu haben:

1. Was ist seit dem letzten Termin passiert?
2. Woran arbeiten wir aktuell?
3. Was steht als nächstes an?
4. Welche Probleme gibt es?

Mit diesen Fragen kannst du einen guten Rundumblick über das Projekt abliefern.

Regel 39

„Verstecke nichts vor dem Gutachter – das schadet nur seiner und deiner Reputation. Scheue dich nicht, all die hässlichen Warzen und Pickel zu zeigen. Entschuldige dich nicht – präsentiere einfach Fakten."

Besonders in Statusmeetings sind viele Projektmanager darauf bedacht, einen möglichst guten Eindruck zu hinterlassen. Dabei wird das Projekt gern positiver dargestellt als es tatsächlich ist – schließlich soll niemand an der eigenen Kompetenz zweifeln.

Der wahrhaft gute Projektmanager geht allerdings mit Problemen und Hindernissen offensiv um: Eine Projektampel auf „rot" zu setzen zeigt, dass du kritische Punkte erkennst und dein eigenes Ego hinter den Projekterfolg stellst. Und das zeigt die wahre Kompetenz.

Regel 40

„Externe Reviews kommen meist zur ungünstigsten Zeit auf dich zu. Behalte daher immer aktuelle finanzielle und technische Informationen im Hinterkopf, sodass du schnell reagieren kannst. Veraltete Zahlen sollten ein Grund zur Abberufung für einen Projektmanager sein."

Wenn du immer erst in den letzten fünf Minuten vor einem anberaumten Statusmeeting die aktuellen Zahlen von deinen Mitarbeitern einholst und zusammenstellst, wirst du immer nur reagieren und mit einem flauen Gefühl im Magen präsentieren.

Werde aktiv! Sichere dir die Hoheit über die Fakten und halte diese stets auf dem Laufenden. Das verursacht Arbeit, gewiss! Aber es schützt dich vor unangenehmen Überraschungen und erzeugt ein Gefühl der Sicherheit, da du frühzeitig Trends erkennen kannst. Im Idealfall hast du vor einem Review nicht nur die aktuellen Zahlen ermittelt, sondern bereits an Stellschrauben gedreht.

Denke daran: Das Erstellen von Berichten mag zwar für die übergeordneten Instanzen sein – du verschaffst dir dabei jedoch den Überblick über dein eigenes Projekt.

Regel 41

„Untergrabe niemals deine Teammitglieder in der Öffentlichkeit. Nimm in öffentlichen Meetings zum Beispiel niemals Entscheidungen zu Aufgaben zurück, die du ihnen übergeben hast. Aber auch wenn du eine Änderung anordnest: Entziehe deinem Team niemals die Verantwortung für deren Umsetzung."

Du hast die Verantwortung, Ziele klar zu formulieren und an dein Team weiterzugeben. Stellst du später in einem öffentlichen Review vor der Geschäftsführung fest, dass dein Teilprojektleiter zwar Erfolge vorweisen kann, diese aber aufgrund deiner Anweisung in die falsche Richtung gehen – dann lass deinen Teilprojektleiter nicht im Regen stehen.

Es muss immer klar sein: Der Projektleiter hat die Verantwortung für Ziele und Richtung – die Projektmitarbeiter für die Umsetzung. Doch selbst wenn der Fehler auf Seiten der Teilprojektleiter oder Mitarbeiter liegt: Untergrabe seine Arbeit nicht öffentlich, sondern stelle dich vor sie – schmutzige Wäsche wäscht man am Besten unter vier Augen.

Regel 42

„Reviews sind für den Kontrollierten – nicht für den Reviewer. Ein Review ist dann gescheitert, wenn der Kontrollierte nichts daraus lernen konnte."

Sieh das Positive in Berichten und Reviews! Fast immer wirst du ein Feedback zu deinem Projekt erhalten. Dieses mag nicht immer wie erhofft ausfallen, ist aber in den meisten Fällen konstruktiv.

Du lieferst etwas ab, bekommst aber nichts zurück? Dann frage aktiv nach und hol dir die Informationen, die dich weiterbringen können!

Regel 43

„An einem Arbeitstreffen sollten etwa sechs Personen teilnehmen. Größere Meetings dienen nur der Informationsvermittlung. Wissenschaftliche Studien haben gezeigt, dass in Gruppen mit mehr als zwölf Personen einige Teilnehmer nur ihre Zeit verschwenden."

Dass Meetings ein echter Zeitkiller sind, ist allgemein bekannt. Zu sehr werden die Mitarbeiter aus ihrer Arbeit herausgerissen, und zu wenige Ergebnisse werden erarbeitet. Trotzdem haben Meetings ihre Berechtigung – wenn sie von den richtigen Beteiligten produktiv durchgeführt werden. Frage dich immer:

1. Muss das Meeting überhaupt stattfinden?
2. Wer sind die wichtigen Personen, die unbedingt anwesend sein müssen?
3. Welche klare Zielstellung hat das Meeting?

Tipp: Die Meetingeffizienz kann enorm erhöht werden, wenn die Teilnehmer die Besprechung stehend abhalten.

Regel 44

„Die Anzahl von Reviews und Berichten verhält sich proportional zum Verständnis des Managements. Das bedeutet: Je weniger das Management die Aufgaben kennt oder versteht, desto mehr verlangen sie Berichte und Reviews. In solchen Umgebungen ist es wichtig, dass präsentierte Daten so aufbereitet wurden, dass auch mit dem Thema wenig vertraute Personen sie verstehen können. Es beleidigt niemals die Intelligenz der Zuhörer, wenn Daten einfach und klar präsentiert werden."

Manche Projektleiter tendieren dazu, ihre eigene Kompetenz durch große Worte, Bürokratendeutsch und Fachbegriffe beweisen zu wollen – andere nutzen das Fachchinesisch rein aus Gewohnheit. Leider ist damit niemandem geholfen: Da Nachfragen leider oft als Schwäche angesehen wird, steigt die Gefahr von Missverständnissen und Fehlinterpretationen. Die Konsequenz: Entscheidungen, die auf einer fehlenden oder fehlerhaften Grundlage getroffen werden. Und das willst du ganz bestimmt nicht für dein Projekt.

Tipp zum Präsentieren: Stelle das Thema so dar, als würdest du es deiner Oma erklären!

Regel 45

„Manager, die sich nur schriftlich über Fortschritte und Erfolge berichten lassen, scheitern eher als andere.“

Papier ist geduldig! Du musst mit den Leuten Auge-in-Auge reden, dir die Erfolge physisch präsentieren lassen. Fasse materielle Produkte an, sei bei den Tests vor Ort dabei, schau bei Softwareprojekten auf den Bildschirm des Entwicklers. Auf diese Weise kannst du Erfolge wirklich einschätzen und dich davor schützen, Beschönigungen aufzusitzen – und ganz nebenbei zeigst du Wertschätzung gegenüber den Mitarbeitern.

Regel 46

„Dokumentation ist nicht gleich Wissen. Es besteht ein großer Unterschied zwischen dem, was sein sollte, was man glaubt, was ist – und der Realität. Dokumente stellen nur eine kurze Momentaufnahme dar, die in Sekundenschnelle veraltet ist.“

Sieh Dokumente an als das, was sie sind: Momentaufnahmen. Ein Fortschrittsbericht von vor einer Woche ist ebenso veraltet wie die gestern durchgeführte Risikobetrachtung, die heute unter neuen Randbedingungen schon ganz anders aussehen kann. Vor wichtigen Entscheidungen kann es sich daher lohnen, noch einmal genau hinzuschauen und sich nicht auf alte Daten zu verlassen.

Anders verhält es sich mit Verträgen: Sie sind unabdingbar, um den Projektverlauf nachvollziehen zu können und zumindest Vereinbarungen zwischen den Beteiligten festzuhalten.

Regel 47

„Rechne nicht damit, dass du den Jahresbericht abkürzen kannst, nur weil du monatliche Berichte abgeliefert hast. Wenn das Management die monatlichen Berichte verstehen würde, würde es keinen jährlichen benötigen."

Das alte Leid: Bürokratische Arbeit wird nicht nur einmal eingefordert, sondern auch noch mehrfach. Deine einzige Chance: Versuche, so viel Material wie möglich wiederzuverwerten, um den Aufwand für zusammenfassende Berichte möglichst gering zu halten.

Regel 48

„Abkürzungen sind lästig. In jedem Großprojekt gibt es ein paar Tausend davon. Das bedeutet, dass das obere Management hunderte davon kennen müsste. Setze sie in Präsentationen sparsam ein – außer du hast vor, dein Publikum zu verwirren."

Siehe Regel 44: Sachverhalte sollten immer so verständlich wie möglich formuliert werden. Unnötige Abkürzungen bewirken genau das Gegenteil. Verwende sie nur, wenn du ganz sicher bist, dass die Zuhörer sie kennen oder wenn du sie (in Maßen) bei der ersten Erwähnung erläuterst.

Regel 49

„Denke daran: Es ist oft einfacher, unsinnigen Papierkram zu erledigen, als gegen ihn anzukämpfen. Kämpfen lohnt sich nur dann, wenn es um Grundsatzfragen geht und du in Zukunft viel Arbeit einsparen kannst."

Meditative Gelassenheit beim Umgang mit Bürokratie hilft ungemein. Die meisten Anforderungen wirst du nicht ändern können, also solltest du sie als gegebenen Umstand deines Jobs hinnehmen. Die eingesparte Energie kannst du gut in dein Projekt investieren.

Siehst du allerdings tatsächlich unnötigen Aufwand, der langfristig vermieden werden sollte, könnte sich das Kämpfen lohnen – aber nur dann.

Regel 50

„Reviews, Meetings und die Realität haben wenig gemeinsam."

Reine Schreibtisch-Projektmanager werden niemals ein Gefühl für das tatsächliche Projekt und die wahren Probleme zu Gesicht bekommen. Ebenso ergeht es dem Management, das nur von vorgelegten Berichten lebt. Dass so realitätsfremde Bilder und Interpretationen in den Köpfen entstehen, ist nicht zu vermeiden. Dein Job als Projektleiter: Schau dir die Realität an und verlasse dich nicht ausschließlich auf Reviews und Meetings.

Regel 51

„Das Alter einer Behörde kann daran gemessen werden, wie viele Berichte und Meetings es gibt. Je älter sie wird, desto mehr Papierkram gibt es und desto weniger wird pro eingesetztem Dollar geliefert. Nicht wenige Menschen haben vorgeschlagen, dass eine Behörde sich alle 25 Jahre selbst zerstören und anschließend bei Null beginnen sollte."

Was für Behörden wie die NASA gilt, ist selbstverständlich auch für Unternehmen und andere Organisationsstrukturen gültig.

Verstärktes Anhäufen von Prozessen und Dokumenten ist eine natürliche Folge von Wachstum und Strukturierung. Oft werden mit der Zeit Dokumentations- und Berichtsanforderungen obsolet, ohne jedoch konsequent abgeschafft zu werden. Ohne Bereinigung führt dies irgendwann zu einer alles-erstickenden Bürokratie.

Auftragnehmer, Lieferanten und Kunden

Würde dein Projekt nur aus deinem eigenen Team bestehen, wäre dein Job schon beinahe leicht. Doch da gibt es noch jede Menge weitere Beteiligte, deren Interessen du unter einen Hut bekommen musst. Klingt schwierig? Kann es durchaus sein. Die folgenden Regeln stellen eine gute Hilfestellung für den Projektalltag dar.

Regel 52

„Ein Projektmanager ist nicht dafür verantwortlich, den Lieferanten zu überwachen, sondern dafür, ihn zu steuern. Werden Aufträge im Rahmen eines Award Fee Systems bearbeitet (Anm.: Vertragsart mit Punktesystem, bei dem die Vergütung von den erzielten Punkten abhängt), sollte das Personal auf Regierungsseite (Anm.: also des Auftraggebers) alles dafür tun, dass der Auftragnehmer durch Geschwindigkeit und Qualität der Arbeit einen hohen Punktestand erhält. Am Ende scheitert nicht der Auftragnehmer, sondern die NASA, daher muss er rechtzeitig unterstützt werden. Eine schlechte Punktbewertung wirft sowohl ein schlechtes Licht auf den Projektmanager der NASA als auch auf den des Auftragnehmers."

In obiger Formulierung ist diese Regel sehr NASA-spezifisch und auf das Award Fee System bezogen. Dennoch gilt allgemein: Behandle deine Lieferanten so, wie du Teammitglieder behandelst. Mache genaue Vorgaben und steuere ihr Vorgehen. Mische dich nicht zu tief in die Umsetzung ein, sondern arbeite stattdessen mit klaren Zielen.

Am Projektende dem Lieferanten die Schuld für ein Scheitern in die Schuhe schieben zu wollen, geht nach hinten los: Denn das Steuern wäre deine Aufgabe als Projektleiter gewesen.

Regel 53

*„Award Fee ist ein gutes Werkzeug, das sowohl Disziplin auf der Auftrag-
geber- als auch Auftragnehmerseite erzeugt (im NASA-Fall: Regierung und
Dienstleister). Die erreichte Punktzahl sagt etwas über den Projektstatus aus,
aber auch über die Management-Fähigkeiten auf beiden Seiten. Das PMS
(NASA-internes Projektmanagement-Messsystem) sollte zum Überprüfen
der Award Fee Punktzahlen genutzt werden. Bei übereinstimmend niedrigen
Punktzahlen sollte das höhere Management nachhaken, um die Gründe zu
identifizieren. Übereinstimmend gute Punktzahlen sind ein Indikator für ein
gut geführtes Projekt. Sollten PMS und Award Fee jedoch nicht übereinstim-
men, muss das höhere Management aktiv werden und die Ursachen identifizieren."*

Diese Regel trifft auf echte Großprojekte zu. Die angesprochene Methode
des Award Fees ist im deutschsprachigen Raum jedoch nicht üblich.

Dem Award Fee kommt der Fall nahe, in dem Zahlungen an den Auftragnehmer häppchenweise erfolgen, z.B. je nach Baufortschritt oder abge-
arbeiteten Arbeitspaketen. Hier müssen die einzelnen Fortschritte klar
definiert sein – eine echte Feinbeurteilung des Projektstandes ist damit
allerdings nicht möglich.

Achtung: Award Fees haben nichts, wie manchmal fälschlich angenom-
men, mit Vergütungssystemen für Projektmitarbeiter (z.B. leistungsab-
hängiges variables Entgelt) zu tun, in denen der direkte Vorgesetzte mit
seinem Mitarbeiter Ziele vereinbart. Dies geschieht in der Regel außerhalb
der Projektsteuerungs- und Berichtsmechanismen und dient zur Beurtei-
lung des Mitarbeiters, aber nicht des Projektstatus.

Regel 54

„Die Moral der Beschäftigten des Auftragnehmers ist auch für dich als Manager der Regierung wichtig. So wie du keinen PKW anschaffen möchtest, der von unzufriedenen Mitarbeitern zusammengesetzt wurde, würdest du auch keine Flugkomponenten kaufen, die von unmotivierten Menschen entwickelt wurden. Übernimm eine aktive Rolle, um alle beteiligten Personen zu motivieren."

Mal ehrlich: Unmotivierte Mitarbeiter eines Zulieferers zu motivieren, ist eine schwierige Angelegenheit. Daher ist es hilfreich, bereits bei der Lieferantenauswahl auf die Kultur und die Mitarbeiter des Auftragnehmers zu achten.

Was kannst du noch tun? Sorge dafür, dass alle Schnittstellen deines Projektes mit dem Lieferanten so funktionieren, wie du es auch auf der Gegenseite erwarten würdest: mit klarer Kommunikation, Verlässlichkeit und Respekt.

Regel 55

„Es ist gut, sich einem Auftragnehmer gegenüber freundlich zu verhalten. Sich ihm gegenüber freundschaftlich verbunden zu fühlen, schadet allerdings deiner Objektivität."

Denke auch in Lieferantenbeziehungen immer daran, dass es nicht um ein lockeres Privatprojekt geht, sondern ums Geschäft. Letztendlich wirst du daran gemessen, ob dein Projekt erfolgreich war, und nicht, ob du und dein Lieferant gute Freunde seid. Dass gute Lieferantenbeziehungen ein wichtiger Erfolgsfaktor sein können, steht außer Frage – beste Kumpel müsst ihr allerdings nicht werden.

Regel 56

„Denke daran: Dein Auftragnehmer hat immer die Tendenz, eine 1:1-Beziehung zu deinem Team aufzubauen. Jedes deiner Teammitglieder kostet dich mindestens noch eine Person des Auftragnehmers pro Jahr."

In Projekten wird häufig der Auftragnehmer einen Teil der Auftraggeberstruktur spiegeln – das kann die Kosten in die Höhe treiben. Ein großer Kopf auf der Seite des Auftraggebers lässt oft in Windeseile einen ebenso großen Kopf auf der Lieferantenseite wachsen.

Regel 57

„Lieferanten neigen dazu, ihr Team so auszustatten, wie das des Auftraggebers. Wenn sie der Meinung sind, dass deine Leute Idioten sind, werden sie ihre schwächeren Leute auf dein Projekt ansetzen."

Hier haben wir einen ähnlichen Spiegelmechanismus wie in der Regel zuvor.

Mal abgesehen, dass du sowieso nur gute Leute in deinem Team haben möchtest: In der Kommunikation nach außen solltest du möglichst nicht deine schwächeren Mitarbeiter einsetzen. Auch dein Verhalten würde sich vermutlich automatisch und unbewusst an von dir unverlangtes Mittelmaß anpassen – ebenso reagieren auch die Lieferanten.

Regel 58

„Lieferanten reagieren positiv auf Kunden, die Interesse an ihrer Arbeit zeigen. Sie sind allerdings weniger erfreut, wenn der Kunde immer alles zwei Mal hinterfragt. Als Grundregel hat der Kunde immer recht. Allerdings werden die Kosten explodieren, wenn er immer auf eine bestimmte Vorgehensweise besteht, statt den Lieferanten seine Arbeit machen zu lassen. Die Grundregel lautet: Ändere niemals die Pläne eines Lieferanten, außer sie sind fehlerhaft oder zu teuer. Ganz nach der alten Weisheit: ‚besser‘ ist der Feind von ‚gut‘.“

Micromanagement ist negativ – und das nicht nur in deinem Projektteam. Micromanager neigen dazu, das Vorgehen ihrer Auftragnehmer oder Mitarbeiter ständig zu hinterfragen, Ergebnisse wiederholt zu kontrollieren und sich – einfach gesagt – überall einzumischen. Im Zweifelsfall rächt sich dies später in den Kosten.

Solltest du ein derartiges Verhalten auch an dir beobachten und beginnen, es auf die Arbeit deiner Lieferanten auszuweiten, machst du dich nicht nur beim Lieferanten unbeliebt, sondern wirst auch nicht mehr zu deiner eigentlichen Aufgabe kommen: dem Steuern des Projekts.

Regel 59

„Es gibt nur eine gute Lösung für einen schwachen Projektmanager auf der Industrieseite (Anm.: also auf der Auftragnehmerseite): Werde ihn so schnell wie möglich los. Der Hauptjob eines Projektmanagers ist der, den Kunden glücklich zu machen. Stelle sicher, dass dein Gegenpart kein Schmeichler ist, sondern Termine und Kosten einhält und ein gutes Produkt liefert, das dich zufrieden stellt.“

Auch wenn du selbst ein ausgezeichnetes Projektteam steuern darfst, bist du vor Nieten bei externen Beteiligten nicht gefeit. Leider hast du nicht die Möglichkeit, einen unfähigen Projektleiter auf Lieferantenseite direkt abzusetzen. Kannst du deinen Unmut allerdings mit Beispielen belegen, kann sich ein Eskalieren durchaus lohnen – schließlich geht es am Ende um den Erfolg deines Projektes.

Regel 60

„Denke immer daran, wer dein Kunde ist und welche Ziele er hat. Stimme dich immer dann mit ihm ab, wenn du wesentliche Punkte im Projekt ändern möchtest."

Wann ist ein Projekt erfolgreich? Wenn der Kostenrahmen nicht gesprengt wurde? Wenn der Zieltermin gehalten wurde? Das sind angenehme Nebeneffekte, machen aber ein Projekt noch nicht zum Erfolg.

Ein Projekt ist nur dann erfolgreich, wenn der Kunde mit dem Ergebnis zufrieden ist. Du kannst noch so beliebt und organisiert sein – am Ende zählt nur dessen Meinung. Daran wirst du gemessen. Dass Ziele und Änderungen entsprechend klar abgestimmt werden müssen, ergibt sich praktisch von selbst.

Regel 61

„Viel zu viele Ingenieure neigen dazu, eigentlich als Unterstützung gedachte Auftragnehmer selbst zu unterstützen oder aber sie als Krücke zu nutzen. In vielen Fällen führt das so weit, dass die Frage gestellt werden muss, wer eigentlich wer ist."

Die eigenen Ingenieure sind nicht dafür da, einen Teil des Jobs des Lieferanten zu erledigen. Aber auch nicht umgekehrt: Der Lieferant sollte nicht als Krücke eines unfähigen Ingenieurs dienen. Achte als Projektmanager darauf, dass deine Teammitglieder in ihrer Rolle bleiben und hinterfrage regelmäßig, ob alle Beteiligten ihre Rollen nach Vorgabe erfüllen.

Regel 62

„Einige Auftragnehmer sind gut, andere schlecht, aber sie scheinen ihre Plätze von Zeit zu Zeit zu tauschen – was permanente Unsicherheit verursacht. Fazit: Ständige Wachsamkeit ist eine grundlegende Projektanforderung."

„Einmal gut, immer gut" – das gilt im Projektgeschäft leider nicht. Verlasse dich nie auf das, was einmal war, sondern prüfe regelmäßig das, was gerade stattfindet – so auch die Qualität der Lieferanten.

Regel 63

„Nur selten kennt ein Auftragnehmer oder Ausstatter dein Budget nicht und wird nicht versuchen, davon das letzte bisschen abzubekommen. Prüfe deshalb ständig die eingesetzten externen Ressourcen und achte darauf, dass sie nicht zur Belastung für das Projekt werden."

Wenn von etwas viel zur Verfügung steht, wird es in der Regel ausgenutzt: Genau das trifft auch auf Projektbudgets zu. Das Controlling von Lieferanten gehört ohnehin zu deinen Aufgaben, sodass diese Regel dich nicht schocken dürfte.

Ingenieure und Wissenschaftler

Jeder, der bereits mit Technologen oder Wissenschaftlern gearbeitet hat, weiß – es handelt sich oft um ein ganz eigenes Völkchen. Als erfahrener NASA-Projektmanager hat Jerry Madden dieser Gruppe ein eigenes Kapitel gewidmet.

Regel 64

„Over-Engineering gibt es überall. Ingenieure lieben Puzzles und Irrgärten. Wirke so auf sie ein, dass ihre Entwürfe übersichtlich und einfach bleiben."

Manche Ingenieure kannst du wie Teilnehmer einer Krabbelgruppe betrachten: Sie lieben ihr Spielzeug und können sich unendlich lang damit beschäftigen, das letzte Bauklötzchen optimal auf dem Turm zu platzieren. Das macht vielleicht Spaß – ist aber oft nicht zielführend. Du solltest deine verspielten Kandidaten kennen und ihnen klarmachen, dass zum Schluss die Funktionalität zählt.

Regel 65

„Die ersten Anzeichen für Gefahren im Projekt gehen vom Terminplan oder der Kostenentwicklung aus. Die Ingenieure selbst sind die Letzten, die die Gefahr bemerken. Sie sind geborene Optimisten."

Wenn du viele Ingenieure im Team hast, kann dir die schwere Aufgabe bevorstehen, sie an die harte Realität in Projekten zu gewöhnen: Hier zählt meist nicht die perfekte, sondern die optimale Lösung, die im engen Termin- und Kostenrahmen bewältigt werden kann. Für den Konzern kann „zu spät" oder „zu teuer" ebenso ein Scheitern des Projektes bedeuten, wie „zu schlecht".

Viele Ingenieure sehen allerdings nur letztere Gefahr und sind auf dem anderen Auge fast blind.

Du bist selbst Ingenieur? Dann könnte die oft noch viel schwerere Aufgabe auf dich warten, dich selbst an diese Denkweise zu gewöhnen.

Regel 66

„Im Projekt selbst gibt es bereits viele Ressourcen. Es gibt vermutlich fünf oder zehn Systemingenieure, nimmt man alle Auftragnehmer und Instrumenten-Entwickler zusammen. Dies ist eine mächtige Ressource, die genutzt werden kann, um Probleme in Angriff zu nehmen."

Auch wenn dir in deinem Projekt nicht so viele Ressourcen zur Verfügung stehen wie in einem typischen NASA-Technologieprojekt – manchmal liegt die Lösung ganz nah. Statt externe Experten hinzuzuziehen, lohnt es sich oft, die Lösung für technische Probleme mit den eigenen Leuten zu erarbeiten. Nutze systematische Problemlösungsmethoden, um das Letzte aus deinem Team herauszukitzeln.

Regel 67

„Viele Manager haben Wissenschaftler in ihrem Team. Sie vergessen aber, dass diese Wissenschaftler auch gleichzeitig ihre Kunden sind und oftmals einen einfacheren Zugang zum Top-Management haben als die Manager selbst."

Hier handelt es sich um eine sehr NASA-spezifische Regel: „Pass auf, dass die Wissenschaftler nicht im Hintergrund dein Projekt steuern." Aus Sicht eines NASA-Wissenschaftlers ist der Projektleiter oftmals nur ein Dienstleister.

Regel 68

„Die meisten Wissenschaftler denken rational, solange du nicht ihr Experiment in Gefahr bringst. Sie werden für dich arbeiten, wenn sie dir glauben, dass du ihnen die Wahrheit sagst. Das schließt Situationen ein, in denen du ihre Pläne einschränken möchtest."

Wissenschaftler lieben Experimente – nimm ihnen bloß nicht ihr Spielzeug weg! Doch manchmal ist genau das notwendig, sei es aus Termin- oder Kostengründen. Wichtig ist immer: Tritt offen und ehrlich auf, begründe deine Entscheidungen – auch wenn sie unbeliebt sind.

Besonders im NASA-Umfeld handelt es sich um Experimente, welche die Wissenschaftler mit einer Rakete ins All schießen wollen. Wenn in solchen Situationen der böse Projektleiter zur Reduzierung des Gesamtgewichts auch am Gewicht eines einzelnen Experiments sparen will – dann kommt das natürlich schlecht an. Solange du dem Wissenschaftler nicht sein ganzes Experiment streichst, wird er allerdings in der Regel versuchen, eine Lösung zu finden.

Hardware

Viele der folgenden Regeln passen zur technischen Raumfahrtbranche der NASA – lassen sich aber auch auf andere Projektarten übertragen.

Regel 69

„So etwas wie schon zuvor geflogene Technik gibt es in der Raumfahrtbranche nicht. Die Personen, welche die nächste Einheit herstellen, haben das Vorgängermodell vermutlich niemals gesehen. Es gab sicher kleine Änderungen – vielleicht sogar tiefgreifende Änderungen. Die betriebliche Umgebung hat sich wahrscheinlich geändert; ebenso wie die Tester vermutlich in den meisten Fällen nicht einmal die Einheit oder die Ausrüstung zum Testen verstehen.“

Eine typische Regel für die NASA: Jedes Mal ist das erste Mal. Man kann sich nie auf die Vorgeschichte verlassen, weil irgendetwas immer anders ist. Jedes Projekt muss komplett neu durchdacht werden. Raketenstarts sind immer Einzelereignisse.

Fehler, die einen Absturz verursachen, gleichen immer einer Katastrophe: finanziell und zeitlich, sie kosten oft Menschenleben und sind ein Desaster für das Prestige der NASA und der USA.

Regel 70

„Die meisten Bauteile arbeiten so, wie sie hergestellt wurden – nicht wie der Designer sie ursprünglich geplant hat. Die Ursache liegt im Designentwurf, fehlendem Verständnis auf der Seite des Designers oder fehlendem Verständnis für die Spezifikation der Komponenten.“

Wurde eine Komponente auf eine bestimmte Art und Weise designt, hatte das vermutlich seinen Grund. Wurde sie anders gefertigt, muss das nicht immer im Sinne des Erfinders sein. Sorge dafür, dass die Komponenten der Spezifikation entsprechen und Änderungen mit dem Gesamtkonzept verträglich sind.

Oder andersherum gedacht: Sei gewarnt vor weltfremden Designern und Entwicklern!

Wenn der Designer keine Ahnung von der Produktionsrealität hat und seine Entwürfe nicht entsprechend konzipiert, dann besteht die Gefahr, dass die Funktion des real gefertigten Geräts (Bauteile, Produktes, usw.) nicht den ursprünglichen Anforderungen gerecht wird.

Regel 71

„Obwohl die meisten von uns aus der Jugend das Gedicht mit den Worten ‚Weil ein Nagel fehlte, war das Rennen verloren' kennen, realisieren nur wenige, dass die meisten gescheiterten Projekte in der Raumfahrt genau dieses Problem hatten. Es sind die alltäglichen Dinge, die tendenziell übersehen werden und zu Problemen führen. Die schwierigen und komplizierten Aufgaben werden meist sorgfältig ausgearbeitet. Die einfachen und trivialen werden hingegen oft nachlässig erledigt."

Um Routineaufgaben nicht zu vernachlässigen, lohnt sich ein Blick auf die Zusammenstellung des Teams: Nicht alle Mitarbeiter arbeiten gern ständig an neuen, innovativen Lösungen. Meist gibt es auch diejenigen, die alltägliche Arbeiten mit überraschender Präzision bearbeiten. Prüfe dein Projekt auf fehleranfällige, vermeintliche Kleinigkeiten und stelle sicher, ob die passenden Mitarbeiter an ihnen arbeiten.

Computer und Software

Erleichtern uns Computer die Arbeit? Oftmals schon. Aber nur dann, wenn Prozesse und IT zueinander passen und die Beteiligten wissen, wie sie damit umgehen müssen. Ganz nach dem Motto: „A fool with a tool is still a fool!"

Bei diesen Regeln ist zu beachten, dass sie auf Erfahrungen in einer Zeit basieren, in der die computergestützte Technik erst nach und nach Einzug hielt. Interessanterweise treffen die Regeln dennoch oft auf die heutige Zeit zu.

Regel 72

„Moderne Technik nicht zu verwenden, ist ein großer Fehler. Aber zu vergessen, dass Computer das Denken nur simulieren, ist ein noch größerer Fehler."

Computer können alle Probleme lösen – oder fangen damit die Probleme erst an? Die Antwort fällt vermutlich unterschiedlich aus, je nach befragter Person.

Ein wesentlicher Punkt sollte immer bedacht werden: Computer und Software sind wunderbare Hilfsmittel, um bestehende Prozesse zu unterstützen – sie sind jedoch nicht dafür geeignet, neue Prozesse zu schaffen oder aber das Denken abzulösen.

Regel 73

„Software(entwicklung) unterliegt mittlerweile den gleichen Prinzipien wie Hardwareentwicklung (die Anforderungen wachsen schleichend mit dem Voranschreiten des Projektes, die Kosten machen einen großen Teil der Flugmissions-Kosten aus usw.). Sie zu testen wird immer aufwendiger. Daher sollte man zunächst ein robustes Grundsystem aufbauen, und erst dann die Details ergänzen. Niemals sollte ein funktionierender Entwicklungsstand entsorgt werden – auch wenn du 100%ig davon überzeugt bist, dass die neuere Version ebenfalls funktioniert. Es ist unerlässlich, Notfallpläne für Softwareausfälle zu haben."

Eine Regel aus der NASA-Historie: Bei vielen älteren NASA-Managern war noch nicht angekommen, dass die Zeiten vorbei waren, in denen die Hardware (und damit ist nicht nur Computerhardware, sondern sind auch die Flugkomponenten gemeint) der einzig komplexe Teil des Projektes war. Software ist mindestens ebenso komplex wie die Hardware und muss daher im Projekt den ihr angemessenen Stellenwert erhalten.

Regel 74

„Vermutungen oder Annahmen werden oft von Simulationen und Tests überprüft und entwickelt. Computermodelle weisen jedoch versteckte Mängel auf, wobei mangelhafte Eingangsdaten dabei nicht zu den geringsten Problemen gehören."

Hier der erneute Appell: Verlasse dich nicht blind auf die Technik. Keine Software ist vollständig fehlerfrei. Im Zweifel kann der gesunde Menschenverstand mehr wert sein als jede Simulation. Prüfe daher auch die zugrundeliegenden Annahmen und Daten auf Plausibilität.

Regel 75

„Früher hatten Ingenieure praktische Erfahrungen. Techniker hatten Verständnis für die Elektronik und wie diese funktioniert. Gleiches galt für Layout-Techniker. Doch heute kennt sich nur noch der Computer mit Sicherheit aus – und der ist nicht sehr gesprächig."

"Früher war alles besser": Heute ist die Technologie so komplex geworden, dass jeder Mitarbeiter auf seinem Gebiet ein Spezialist ist, aber nur der Computer alle Daten gespeichert hat. Leider kann man mit ihm nicht diskutieren.

So bleibt nur der Ansatz, Wissen im Team auszutauschen, statt es nur niederzuschreiben und in einem anonymen Dateiordner abzulegen.

Das obere Management

Als Projektmanager wirst du innerhalb eines Unternehmens vermutlich häufig die Hände über dem Kopf zusammenschlagen, weil du auf Entscheidungen der übergeordneten Ebenen angewiesen bist. Womöglich helfen die dir folgenden Regeln aus jahrelanger Erfahrung weiter.

Regel 76

„Mutmaße nicht, warum das obere Management etwas getan haben könnte. Wenn du das Bedürfnis hast, mehr zu wissen – dann frag. Du wirst einige erstaunliche Antworten erhalten."

Es macht durchaus Spaß, über sich über die Entscheidungen der Geschäftsleitung zu wundern oder aufzuregen. Doch Fakt ist: Es bringt keinem etwas. In einem gut geführten Unternehmen werden Entscheidungen auf sachlicher Grundlage getroffen – und diese muss dir nicht immer bekannt sein. Nicht nachvollziehbare Entscheidungen können schlicht damit zu tun haben, dass du nicht alle Fakten kennst. Im Zweifel: Frag nach!

Regel 77

„Du solltest dein Management genau einschätzen können: Einige mögen einen guten Witz, andere nur dann, wenn sie ihn selbst erzählen."

Falls du nicht zu den Personen gehörst, die gern ins Fettnäpfchen treten, solltest du zumindest mit ein klein wenig Vorsicht in Meetings gehen, in denen im schlimmsten Fall über deine eigene Stelle entschieden werden kann. Falls es um wichtige Entscheidungen geht, ist professionell-dezente Zurückhaltung angesagt, bevor du dem Geschäftsführer versehentlich auf die Füße trittst.

Regel 78

„Denke daran, dass dein Chef das Recht hat, Entscheidungen zu treffen. Wenn du denkst, dass er falsch liegt: Teile ihm deine Meinung mit. Wenn er aber noch immer auf seinen Standpunkt beharrt, erledige den Job auf seine Art und tue dein Bestes, damit er erfolgreich wird."

Oben sticht Unten – so läuft das Geschäft nun einmal. Du musst nicht immer mit allem einverstanden sein, das dir vorgesetzt wird. Du hast jederzeit das Recht zu widersprechen. Je wichtiger dir der Widerspruch ist, desto eher solltest du diesen auch schriftlich festhalten.

Letztendlich bist du allerdings auch in einer Position, in der dir Anweisungen erteilt werden – so wie du deinem Team Anweisungen gibst. Wenn du mit dieser Position nicht leben kannst, hilft nur die berufliche Selbständigkeit oder der Weg nach ganz oben in der Unternehmenshierarchie.

Regel 79

„Bitte das Management niemals um eine Entscheidung, die du selbst treffen kannst. Gehe davon aus, dass du die Entscheidungsgewalt hast, außer in einem Dokument ist eindeutig das Gegenteil geregelt."

Die Fähigkeit zum Treffen von Entscheidungen ist eine der wichtigsten Fähigkeiten überhaupt für Projektmanager. Was dem einen leicht fällt, ist für den anderen eine schier unüberwindliche Hürde: Statt eine Entscheidung zu treffen, wird diskutiert, sich abgesichert und nach oben eskaliert. Das ist nur dann sinnvoll, wenn die Entscheidung wirklich die eigenen Kompetenzen überschreitet. Ansonsten ergeben sich lediglich unnötige Verzögerungen im Projekt. Du bist nicht sicher, welche Entscheidung die richtige ist? Die ganz sicher falsche Entscheidung ist es, gar nicht zu entscheiden.

Regel 80

„Arbeite mit deinem Programm-Manager als Team zusammen. Er ist dein Vertreter in der NASA-Zentrale. Er sollte eng mit den Entscheidungsträgern arbeiten und bemüht sein, deine Anstrengungen zu unterstützen."

Diese Regel kann auf Strukturen übertragen werden, in denen es einen Programm- oder Portfoliomanager gibt: Zusammenarbeit und Teamplay helfen allen Beteiligten, zumal die übergeordnete Instanz das eigene Projekt nach oben vertreten und verteidigen muss, auch wenn der Projektmanager nicht anwesend ist.

Regel 81

„Mach dir bewusst, wer die Entscheidungsträger in deinem Programm sind. Es könnten Außenstehende mit Nähe zum Kongress sein, Regierungsvertreter oder auch Wissenschaftler – also irgendjemand in der Entscheidungskette. Wer auch immer sie sind: Versuche, einen Kontakt auf formeller oder informeller Basis herzustellen."

Kennst du die Personen, die dein Projekt wirklich vorantreiben können? Frage dich immer, wer am Ausgang deines Projekts wirklich interessiert ist. Derjenige wird dich am meisten unterstützen können, wenn es einmal brenzlig wird. Einer solch wichtigen Person solltest du besondere Aufmerksamkeit in deinem Stakeholdermanagement schenken.

Regel 82

„Zu viele Projektmanager sind der Meinung, eine mündliche Vereinbarung sei ebenso wertvoll wie ein schriftliches Dokument. Das ist nicht der Fall. Personen verschwinden oder nehmen andere Positionen ein. Wichtige Entscheidungen müssen immer dokumentiert werden."

Niemand mag unnötig bürokratischen Aufwand. Vereinbarungen und Absprachen nützen allerdings wenig, wenn du sie nicht nachweisen kannst. Mit steigender Erfahrung wirst du automatisch einen guten Riecher dafür entwickeln, welche Sachverhalte du zwingend schriftlich festhalten musst, und welche nur unbedeutende Kleinigkeiten sind.

Regel 83

„Suche in politischen Entscheidungen nicht nach Logik – suche nach Politik."

Manche Entscheidungen werden sich dir einfach nicht erschließen. Entweder, du verfügst nicht über alle Hintergrundinformationen – oder aber die Entscheidung wurde tatsächlich nicht mit sachlichen Fakten begründet, sondern stellt einen politischen Beschluss dar. In den seltensten Fällen wird diese Begründung veröffentlicht – du musst dir also selbst deinen Teil denken. Auch wenn die Regel aus dem NASA-Umfeld stammt: So manch eine Entscheidung in einem Großkonzern ist auch nichts anderes als (Unternehmens-)Politik. Verschwende keine Kraft darauf, diese Entscheidungen verstehen zu wollen.

Programm-Planung, Budgetierung und Schätzung

In Konzernumgebungen wird ein Projekt nur dann durchgeführt, wenn die Aufwände zuvor geschätzt und ein (oftmals geringeres) Budget dafür zuge-teilt wurde. Die Vorgaben „von oben" scheinen oft vollkommen unrealis-tisch zu sein. Ein Grund zum Verzweifeln? Nicht doch. Auch hier hilft die nötige Gelassenheit.

Regel 84

„Heutzutage muss man den Stand der Technik vorantreiben, das Budget ein-halten, Risiken eingehen, nicht scheitern, und natürlich im Zeitplan bleiben. Interessanterweise spielen diese Anforderungen durchaus gut zusammen, solange die Grundlagen wie Finanzierung und Zeitplan von vornherein klar geregelt sind und eingehalten werden."

Die Anforderungen an ein Projekt sind nicht erfüllbar? Weil immer höhere Anforderungen gestellt werden? In einer sauberen Auftragsklärung sollten unrealistische Vorstellungen leicht identifiziert werden können. Ein mit gesundem Menschenverstand geplantes Projekt ist meist herausfordernd, riskant und ambitioniert – aber niemals unrealistisch. Wenn doch, dann sollten alle Beteiligten dieses Wagnis sehr bewusst eingehen, alles für den Erfolg tun – aber ein Scheitern als möglichen Ausgang akzeptieren.

Regel 85

„Die meisten Projekte der Vergangenheit wurden nicht wegen Fehlern über-zogen (zeitlich wie finanziell), sondern aufgrund unzureichender Schätzun-gen. Bessere Schätzungen werden zwar die Kosten nicht reduzieren, aber die Reputation der NASA verbessern. Tatsächlich werden höhere Schätzungen vermutlich sogar die Kosten ansteigen lassen und höhere Gewinne bei Liefe-ranten verursachen, solange nicht die Zuwendungen reduziert werden, um die dann niedrigeren Risiken auf Lieferantenseite auszugleichen. In der aktuellen Lage ist der Ruf wichtiger als die Kostenreduktion.“

Erneut eine sehr NASA- und situationsspezifische Regel, die nicht unbe-dingt passend für die Allgemeinheit ist. Richtig ist: Höhere und realisti-schere Schätzungen führen schnell zu höheren Kosten, auch auf der Lie-ferantenseite. Das Ganze ist also ein zweischneidiges Schwert, also muss der Projektmanager sehr genau abwägen.

Je nach Umfeld ein möglicher Trick: Der Geschäftsführung einen realis-tischen Plan vorlegen, den Lieferanten und den Projektmitarbeitern aber einen verknappten und verkürzten.

Regel 86

„Mit genügend Zeit sind alle Probleme lösbar. Stelle also sicher, dass du genü-gend Puffer eingeplant hast. Falls du das nicht tust, wird es der nächste Pro-jektmanager tun, der deinen Platz einnimmt.“

Die NASA-Regel weist darauf hin, möglichst großzügige Puffer einzubauen. In dieser speziellen Situation spielt das Geld eine geringere Rolle als wich-tige Termine: Wenn die Öffentlichkeit im September mit einer Mondmis-sion rechnet, wird es schnell peinlich, wenn im Oktober eine Verzögerung um ein weiteres halbes Jahr angekündigt wird.

Doch Vorsicht: Uns umgibt eine Projektkultur, in der Sicherheitspuffer an allen Ecken und Enden eingebaut werden, um sich möglichst an die eigenen Schätzungen halten zu können. Das ist verständlich und menschlich. Da Arbeit nach Parkinsons Gesetz allerdings die unangenehme Angewohnheit hat, sich maximal auszudehnen, werden diese Puffer auch immer ausgenutzt. Verkürzungen werden nie an nachfolgende Arbeitspakete weitergegeben – Verzögerungen schon. Critical Chain-Projektmanagement bietet einen Lösungsansatz, der die Puffer nicht auf Ebene der Arbeitspakete festlegt, sondern für das gesamte Projekt.

Regel 87

„Die alte NASA hat Technologie und Wissenschaft an ihre Grenzen getrieben, sie hat sich nicht um schleichende Anforderungssteigerungen oder Überziehungen gekümmert. Die neue NASA muss so arbeiten, als ob alle Projekte zu Festpreisen abgewickelt werden – Anforderungschaos ist deshalb zu einer tödlichen Sünde geworden."

Wir können davon ausgehen, dass die meisten Projekte heutzutage denen der „neuen NASA" entsprechen. Das bedeutet: Nur wenn die Anforderungen kristallklar formuliert sind, können sie mit Preisen versehen werden. Jeder zusätzlich betriebene Aufwand wird in der Regel nicht vergütet.

Auch wenn die Frage „Wie wird die Lösung implementiert?" nie zu Beginn eines Projektes vollständig beantwortet werden kann, muss die Frage „Was genau will der Kunde?" ohne Zweifel geklärt sein. Ein ernsthaft betriebenes Anforderungsmanagement bietet alle nötigen Werkzeuge, um dies zu erreichen.

Regel 88

„Baue Wissen über deinen Standort auf und wenn möglich auch über andere Standorte. Falls es anderswo Ressourcen gibt, könntest du davon profitieren: Es ist immer wieder überraschend, wie viel Hilfe du erhalten kannst, wenn du nur danach fragst."

Kenntnisse darüber, welche Ressourcen bereits anderswo im Unternehmen vorhanden sind, können Gold wert sein. Auch hier zeigt sich die Wichtigkeit eines guten Netzwerks: Der informelle Dienstweg kann dir manchmal schneller einen Lösungsansatz bescheren, als du jemals einen offiziellen Antrag schreiben könntest.

Regel 89

„Abgesehen vom Projektbudget, das dem Kongress vom Präsidenten vorgelegt wird, gibt es vermutlich keine einzige geheime Information in einem Projekt – also behandle auch nichts als Geheimnis. Jeder kann besser arbeiten, wenn er einen transparenten Blick auf das Gesamtbild hat. Halte also möglichst keine Informationen zurück."

Diese Regel bezieht sich auf Großprojekte, die den US-Staatshaushalt beeinflussen, z.B. das Apollo-Mondprogramm. Doch sie kann auch auf andere Projekte übertragen werden:

Manche Projektmanager sind echte Geheimniskrämer und behandeln Informationen in ihrem Projekt wie eine Ware, die über Gefälligkeiten ausgetauscht werden kann. Dieses Verhalten ist entweder ein Zeichen von Unsicherheit, oder aber nichts weiter als ein taktisches Spielchen. Wer offen (unter Berücksichtigung eventueller Geheimhaltungsvereinbarungen) mit seinem Projekt umgeht, beweist Souveränität – und macht seinem Team die Arbeit leichter.

Regel 90

„NASA-Programme kämpfen um Projektbudgets und Finanzierungstöpfe, sie kämpfen aber nicht gegeneinander: Greife nie ein anderes Programm oder NASA-Projekt mit dem Hintergedanken an, dessen Finanzierung abstauben zu können. Vermarkte dein Projekt, indem du seine Vorzüge herausstellst, ohne es mit anderen Projekten zu vergleichen."

Natürlich gibt es einen Kampf um Budgets und Ressourcen zwischen den Projekten. Dieser sollte aber immer im Rahmen bleiben: Am Ende geht es nicht um das eigene Projekt, sondern um den Erfolg des Ressorts oder des gesamten Unternehmens. Niemandem ist damit gedient, wenn sich die Projekte gegenseitig das Leben schwer machen. Verkaufe dich gut, nutze die Chancen deines Projektes als Argumente, statt andere Projekte kleinzureden.

Regel 91

„Das nächste Jahr ist immer das Jahr mit angemessenen Budget- und Terminvorgaben. Das nächste Jahr wird gleichzeitig mit dem 50. Jahr deiner Karriere beginnen."

Wartest du auf den Tag, an dem dir endlich realistische Vorgaben unterbreitet werden? Dass du komfortable Budgets und ausreichend Zeit zur Verfügung gestellt bekommst? Vermutlich wird das nie passieren. Deine Vorgesetzten werden dir immer ambitionierte Ziele setzen, so wie du es auch bei deinen Mitarbeitern machst.

Regel 92

„Die Vorgaben vom NASA-Management wurden von einem anderen NASA-Mitarbeiter vergleichbar mit dir selbst verfasst. Du kannst für dich unsinnige Regeln demnach durchaus in Frage stellen. Möglicherweise wird ein anderer Mitarbeiter sie anpassen oder auf die Einhaltung verzichten."

Es gibt kaum eine interne Regelung, die tatsächlich so in Stein gemeißelt ist, dass sie unter keinen Umständen geändert werden kann. Schließlich ist keine Regel vom Himmel gefallen, sondern wurde an irgendeinem Zeitpunkt unter ganz bestimmten Umständen eingeführt. Muss sie auch in der jetzigen Situation noch aktuell und sinnvoll sein? Muss sie nicht – und deshalb darfst du sie auch gern in Frage stellen.

Regel 93

„In der ‚alten NASA', wurde eine termin- und budgetgerecht abgeschlossene Aufgabe als einfach angesehen. Die heutige NASA will den Stand der Technik vorantreiben, innovativ und risikofreudig sein, aber trotzdem immer termin- und budgetgerecht abschließen. Man bekommt das Gefühl, dass entweder die neuen Aufgaben simpel sind oder aber das heilige Zeitalter angebrochen ist."

Wenn du über Projekte zu entscheiden hättest, würdest du vermutlich auch die Messlatte hochlegen – warum auch nicht? Im Geschäftsleben strebt zunächst jeder nach dem Besseren statt dem Guten. Leider zeigen sich auch verstärkte Tendenzen, Unmögliches zu verlangen, Großes zu vollbringen – aber bitte ohne Risiko. Das ist weder konstruktiv noch motivierend und sollte zumindest kritisch hinterfragt werden.

Regel 94

„Zu viele Personen in der Zentrale glauben an den Mythos, die Futterrationen eines Pferdes so lange reduzieren zu können, bis es keine Nahrung mehr benötigt. Sie verfolgen den gleichen Ansatz bei Projekten, die letztendlich dann ebenso tot enden wie das Pferd.“

Projektbudgets sind immer knapp und werden auch immer knapp bleiben. Vermutlich würdest du ebenso handeln, wenn du Budgets zu verantworten hättest. Nehmen sie allerdings unrealistische Größenordnungen an, die zu Lasten der Qualität gehen, darfst du gern den warnenden Finger heben. Stelle dich nicht quer, aber verdeutliche in klaren Worten die Konsequenzen.

Regel 95

„Zu viele Kostendaten in einem Angebot können dich blind gegenüber den wahren Risiken machen oder Dingen, die schlichtweg vergessen wurden. In einem Projekt, das wir gründlich durchdacht hatten, verwendeten wir sechs Monate unserer Zeit auf die Validierung der Kosten, nutzten ganze Räume voller Dokumente und präsentierten unsere Erkenntnisse vor der Zentrale. Zwei Wochen später fand der Auftragnehmer einen "Oh, ich vergaß!"-Punkt, der 30 Millionen Dollar kostete. Man sollte aus den Kostenstrukturen der abgeschlossenen Programme lernen, um solche Fallen zu umgehen.“

Können solche Fallen wirklich vollständig vermieden werden? Vermutlich nicht. Aber ein gutes Wissensmanagement hilft dabei, aus Fehlern zu lernen und sie in Zukunft zu vermeiden.

Einer der wichtigsten Faktoren: Erfahrung! Wer davon nicht genug hat, dem schadet es nicht, bei den alten Hasen Ratschläge einzuholen.

Entscheidungen treffen

Was erwartet dein Team in erster Linie von dir? Vor allem, dass du bereit stehst, wenn Entscheidungen gefällt werden müssen. Was zunächst einfach klingt, ist für viele Projektmanager eine schwierige Angelegenheit. Schule dich in dieser Fähigkeit – dein Team wird es dir danken.

Regel 96

„Früh getroffene Fehlentscheidungen können ausgeglichen werden. Wird die richtige Entscheidung (zu) spät getroffen, kann sie jedoch nichts mehr ausrichten."

Ein Plädoyer für das Treffen von Entscheidungen! Selbst wenn du keine Ahnung hast, besteht eine 50/50-Chance, die richtige Entscheidung zu fällen. Egal wie sorgfältig du dich absicherst: Daraus wird nie ein 100/0-Verhältnis.

Der schlimmste Fehler ist es, gar nicht zu entscheiden. Sobald du diese Denkweise verinnerlicht hast, wird es dir leichter fallen, Entscheidungen nicht auf die lange Bank zu schieben. Nur die wenigsten Probleme lösen sich von selbst – meist fallen sie in doppelter Größe auf dich zurück.

Regel 97

„Manchmal ist es am besten, gar nichts zu tun. Ab und zu ist ein simples Zuhören die beste Hilfe, die du leisten kannst. Du magst zwar der Chef sein, aber wenn du ununterbrochen die Probleme des Anderen löst, arbeitest du für ihn."

Projektmanager können oftmals eine beinahe therapeutische Rolle für Teammitglieder übernehmen. Vielleicht kennst du die Situation: Die Lösung von vielen Problemen erscheint plötzlich glasklar, sobald man sie einer anderen Person mündlich beschreibt.

Erkennst du solche Situationen richtig, musst du nichts tun außer Zuhören. Du gibst deinem Mitarbeiter damit das gute Gefühl, er selbst habe die Lösung gefunden. Eine Win-Win-Situation!

Regel 98

„Triff nie eine Entscheidung auf Basis einer Skizze. Schau dir die tatsächliche Technik an oder welche reale Information auch immer verfügbar sein mag. Viel zu viel Zeit wird dafür verschwendet, eine Skizze zu verbessern, die nur dafür gedacht war, das Prinzip zu erklären."

Wann immer möglich solltest du dir für technische Entscheidungen die realen Bauteile, Daten oder auch Konstruktionszeichnungen ansehen. Prinzipskizzen können beliebig in die Irre führen.

Professionelle Ethik und Integrität

Je größer das Projekt, desto größer oft auch das Hauen und Stechen untereinander. Jerry Madden hat den Bereichen Ethik und Integrität ein eigenes Kapitel gewidmet – nicht ohne Grund.

Regel 99

„Integrität bedeutet, dass deine Untergebenen dir vertrauen."

Der Duden beschreibt Integrität als Makellosigkeit, Unbescholtenheit und Unbestechlichkeit. Verinnerliche diese Worte und prüfe, wie du sie in deinem Projekt umsetzt. Ein guter Indikator ist in der Tat das Vertrauen deiner Mitarbeiter.

Regel 100

„In der Eile, die Dinge fertigzubekommen, solltest du dich immer daran erinnern, für wen du arbeitest. Den Boss im Dunkeln tappen zu lassen, wird auf lange Sicht wenig vorteilhaft sein."

Oft fühlen wir uns getrieben: Von den Umständen, von eingetretenen Risiken, von Änderungen im Projekt. Für einen Projektmanager ist es unabdingbar, regelmäßig zu reflektieren, was aktuell im Projekt passiert, und wo interveniert werden muss.

Stichwort: Agieren statt reagieren. Informiere deinen Chef oder Auftraggeber, lange bevor dieser von sich aus nachfragt. Transparenz gegenüber dem Chef oder Auftraggeber ist nur eine der vielen Maßnahmen, die regelmäßig ergriffen werden müssen.

Regel 101

„Anständige und höfliche Menschen können Projekte ebenso gut leiten wie Mistkerle. Benötigt werden starker Wille und Respekt – keine Muskelspiele. Letztgenannte funktionieren zwar auch, allerdings müssen danach die Scherben weggekehrt werden."

Natürlich muss ein Projektmanager nicht zwingend beliebt sein. Er kann auch knallhart ein Projekt so führen, dass es aus sachlicher Sicht als extrem erfolgreich gilt.

Trotzdem lohnt ein Blick auf die Zukunft: Unmotivierte und überlastete Mitarbeiter und drangsalierte Lieferanten sind keine gute Basis für kommende Projekte.

Projektmanagement und Teamarbeit

Deine Aufgabe ist es, ein Projekt zum Erfolg zu führen und ganz nebenbei auch noch ein Team so zu steuern, dass es genau diesen Projekterfolg herbeiführt. Im Gegenstatz zur Rolle des Linienvorgesetzten stehst du als Projektmanager vor der Herausforderung, oft interdisziplinäre Teams zu führen, die teils noch nie miteinander gearbeitet haben.

Regel 102

„Teamarbeit ist essentiell für erfolgreiche Projekte. Denke immer daran: Die meisten Teams haben einen Trainer und keinen Chef. Aber auch der Trainer muss immer noch dafür sorgen, dass die Spiele erfolgreich sind."

Eine Anspielung auf den Mannschaftssport: Der Trainer muss alle Voraussetzungen schaffen, die Mannschaft auf das Spiel vorbereiten, die Taktik vorgeben. Aber wenn es dann im Spiel schlecht läuft, weil die Mannschaft nicht ihr Äußerstes gibt, dann darf er auch allen in den Hintern treten.

Regel 103

„Mutmaße nie, dass jemand etwas weiß oder getan hat, bis du ihn darauf angesprochen hast. Sogar das Offensichtliche wird ab und zu übersehen oder ignoriert, besonders in Phasen mit hoher Stressbelastung."

„Reden ist Silber, Schweigen ist Gold": Diese Weisheit trifft in Projekten nur höchst selten zu. Dinge geschehen nur selten „von allein". Auch Selbstverständliches bleibt liegen, wenn es nicht direkt angewiesen wurde. Sei es aus Missverständnissen heraus, weil die Zeit knapp ist, oder weil jeder glaubt, jemand anderes sei dafür zuständig.

Im Zweifelsfall hilft offenes Nachfragen oder Zuweisen von Verantwortlichkeiten.

Regel 104

*„Wer auch immer gesagt hat, dass Bettler nicht wählerisch sein dürfen, hat
keine Ahnung von Projektmanagement. Es ist oft besser, auf sein Glück zu
vertrauen, als sich auf mangelhafte Unterstützung einzulassen."*

Im Projektmanagement steht der Kampf um personelle Ressourcen auf
der Tagesordnung. Oft erhält man allerdings nicht die Unterstützung, die
man benötigt. Eine übliche Begründung: „Man soll mit dem zufrieden sein,
das man geschenkt bekommt." – als handle es sich um eine großmütige
Tat des Ressourcengebers.

Auf solche „Unterstützer" kann ein guter Projektmanager oftmals verzichten. Lieber vertraut er auf sein Glück und versucht es ohne diese.

Regel 105

*„Es ist schwer, von nur einem Puzzleteil auf das Gesamtbild zu schließen.
Sei also nicht überrascht, wenn Teammitglieder falsche Schlussfolgerungen
ziehen, wenn ihnen nicht alle Informationen vorliegen."*

Transparenz hilft allen Beteiligten im Team. Finde den goldenen Mittelweg
zwischen den beiden Extremen, gar keine Informationen zu verteilen oder
aber jegliche Informationen im Gießkannenprinzip über dem Team auszu-
schütten. Sorge immer dafür, dass einem Mitarbeiter die Informationen
vorliegen, die er zur Erledigung seiner Aufgabe benötigt.

Regel 106

„Denke daran: Der Präsident, der Kongress, das Office of Management and Budget, die NASA-Zentrale, das obere Standortmanagement und deine Kunden haben alle ihre Jobs zu erledigen. Du hast nur dafür zu sorgen, sie zufriedenzustellen."

Es kann unangenehm sein, den eigenen Job so nüchtern zu betrachten – und dennoch stimmt die Aussage. Solange du angestellt bist, dienst du deinem Unternehmen. Es ist nicht in erster Linie deine Aufgabe, dich selbst zu verwirklichen, sondern ein Projekt zum Erfolg zu führen. Klingt ernüchternd? Muss es nicht! Herausfordernd ist es nämlich genug.

Regel 107

„Du solltest immer prüfen, wie lang es dauert, bis eine Änderung oder eine Aufgabe beim Bearbeiter ankommt. Diese Zeit sollte in Stunden gemessen werden – nicht in Tagen."

Besonders in großen und komplexen Projekten kann eine Anweisung durchaus mehrere Hierarchieebenen durchlaufen, bis sie die Zielperson erreicht. Das kann schnell gehen – oder eben auch langsam. Prüfe immer wieder deine Prozesse, um schnell handeln und reagieren zu können.

Regel 108

„Gib deinen Teammitgliedern das Gefühl, dass du etwas tust, weil sie dich dazu gebracht haben, auch wenn du es ohnehin getan hättest. Es vermittelt ihnen das Gefühl, dass sie gewonnen haben. Bauernschläue hat viele Vorteile, solange sie unentdeckt bleibt."

Jeder hat ein gutes Gefühl, wenn der Chef die eigenen Ratschläge annimmt. Scheue dich nicht, auf deine Mitarbeiter zu hören und offen danach zu handeln, wenn sie dich überzeugt haben. Das ist kein Zeichen von Schwäche, sondern zeugt von Souveränität.

Diese Regel geht sogar darüber hinaus: Selbst wenn du etwas ohnehin geplant hattest, kannst du deine Mitarbeiter im Glauben lassen, etwas bewirkt zu haben. Das ist zwar nicht 100% ehrlich, aber auch kein unfaires Verhalten, da schließlich niemand Schaden dadurch erleidet.

Regel 109

„Der Projektmanager, der in seinem Projekt der Schlauste ist, hat bei der Zusammenstellung seines Teams versagt."

Die Angst vor kompetenten Mitarbeitern zeigt deutlich die Unsicherheit eines Projektmanagers oder einer Führungskraft – mit fatalen Folgen. Die Sorge, möglicherweise über weniger Wissen als ein Mitarbeiter zu verfügen, ist ein Garant für ein minderwertig besetztes Team und der erste Schritt ins gescheiterte Projekt. Souveräne Projektmanager haben keine Angst vor der Entmachtung oder Entblößung der eigenen Unkenntnis, sondern freuen sich darüber, dass ihr Projekt hochwertig besetzt ist.

Regel 110

„Die Pionierphase der NASA ist vorüber, und sei es durch Beschluss. Das bedeutet, dass nun die schwierigeren und wichtigeren Aufgaben begonnen haben. Diese Aufgaben setzen mehr Disziplin voraus, aber es sollte trotzdem Raum für Innovationen bleiben."

Wie alle Organisationsstrukturen durchlief auch die NASA verschiedene Phasen. Viele altgediente Mitarbeiter trauern der Pionierphase heute noch nach, da dort die Mittel weniger beschränkt waren und in den Projekten mehr Freiheiten herrschten. Reift eine Organisationsstruktur, so werden naturgemäß mehr Prozesse und Kontrollmechanismen eingebaut. Dabei muss allerdings aufgepasst werden, dass die zunehmende Bürokratie die Innovationsfähigkeit nicht untergräbt.

Regel 111

„Behördenübergreifende Vereinbarungen sind immer schwierig herbeizuführen, selbst wenn es keine Konflikte bezüglich Verantwortlichkeiten und Anforderungen gibt. Existieren Konflikte auf diesen Gebieten, so führen diese üblicherweise zum Scheitern, egal wie hart die beteiligten Personen versuchen, eine Einigung herbeizuführen."

Hier spricht wohl die Erfahrung! Und diese kann auf viele Großkonzerne 1:1 übertragen werden, wenn man sie auf Unternehmenszweige, Divisionen oder ähnlich große Organisationseinheiten anwendet.

Regel 112

„Im Umgang mit internationalen Partnern hat sich folgende Vorgehensweise bewährt:

1. *Reise einen Tag früher an.*
2. *Triff dich mit deinem Gegenpart.*
3. *Diskutiere alle Punkte, die im Meeting besprochen werden sollen.*
4. *Führe eine angemessene Einigung herbei und verständige dich mit ihm, keine harten Positionen zu vertreten.*

Diese Vorgehensweise schafft vor dem Rest der Welt den Eindruck, dass du und dein Gegenpart mit einer Stimme sprecht und die Arbeit sich in guten Händen befindet. Alle Streitpunkte werden hinter verschlossenen Türen mit einer minimalen Anzahl an Teilnehmern diskutiert."

Kleine taktische Kniffe sind erlaubt, solange sie niemandem schaden und dazu führen, dass Projekte effizienter vorangetrieben werden können. Konflikte vor offener Runde auszutragen, führt nicht dazu, Vertrauen bei anderen Teilnehmern zu wecken. Wollt ihr beide vorankommen, dann kann eine vorherige Einigung dem Projekt durchaus nützen.

Achte jedoch darauf, dass kritische Anmerkungen im offiziellen Meeting nicht vorschnell unter den Tisch gekehrt werden: Im Eifer, eine Entscheidung schnell herbeizuführen, geht gern einmal der Blick über den Tellerrand verloren.

Regel 113

„Wenn zu viele Personen an einem Auftragnehmer- oder Behördenbesuch teilnehmen, wird es ein Vergnügungsausflug – kein Businesstreffen im Bereich der Raumfahrt- oder Software-Technik."

Im Projekt wird in erster Linie gearbeitet. Spricht etwas gegen Ausflüge, Feiern und auswärtige Termine? Ganz bestimmt nicht. Besonders dann nicht, wenn ein Ziel erreicht wurde. Soll ein Termin jedoch produktiv zur Arbeit genutzt werden, dann sollten nur die Mitarbeiter daran teilnehmen, die auch wirklich erforderlich sind.

Regel 114

„Es gibt kleine Unternehmen, die die gleichen Teilsysteme wiederholt korrekt fertigen, weil die gleichen Personen die Projekte umsetzen. Es gibt große Unternehmen, die niemals die gleichen Teilsysteme korrekt fertigen, weil jedes Mal andere Personen die Arbeit erledigen. Das Erbe eines Unternehmens sollte immer dann hinterfragt werden, wenn die Umsetzer des Projektes noch Flaum im Gesicht haben."

Diese Regel bezieht sich vor allem auf (Unter-)Auftragnehmer der NASA, gilt aber auch für das eigene Unternehmen.

Worauf es am Ende ankommt? Auf Beständigkeit. Warum immer das Rad neu erfinden, wenn es Mitarbeiter gibt, die sich mit bestimmten Themen auskennen? Junge und dynamische Mitarbeiter sind großartig – solange die Teams so besetzt sind, dass sie von den alten Hasen lernen können. Ein Hoch auf die Erfahrung!

Mit Krisen umgehen und sie vermeiden

Wer mag schon gern Krisen? Vermutlich keiner. Ein konsequentes Risikomanagement kann dabei helfen, sie zu minimieren. Doch vollständig ausgeschlossen werden sie dadurch nicht. Umso wichtiger ist es, einen Plan für den Krisenfall parat zu haben.

Regel 115

„Im Fall des technischen Versagens:

a) Erstelle einen Zeitstrahl der Ereignisse und füge alle bekannten Informationen ein.

b) Schreibe bekannte Fakten auf. Prüfe sie anhand aller Theorien.

c) Hacke nicht so lange auf den Daten herum, bis sie das gewünschte Ergebnis ausspucken. Versuche nicht, sie um jeden Preis in ein Szenario zu zwängen.

d) Schlussfolgere nicht zu schnell. Stelle sicher, dass jede Abweichung vom Standard erklärbar ist. Denke daran, dass eine falsche Schlussfolgerung das Vorspiel für das nächste Scheitern darstellt.

e) Höre im richtigen Moment auf mit der Ursachensuche.“

Was passiert im Fall eines technischen Versagens? Wenn eine Rakete nicht abhebt oder wegen eines Triebwerkschadens abstürzt?

Dann beginnt die detektivische Fehlersuche: Der Störfall wird rekonstruiert und die Ereignisse zeitlich analysiert. Anschließend beginnt die Suche nach den Ursachen. Nur weil eine Theorie für richtig gehalten wird, muss sie nicht der tatsächliche Grund für das Versagen sein. Theorie und harte

Daten sollten nicht krampfhaft in eine Schablone gepresst werden.

Manchmal wird die Ursache nie gefunden: In diesen Fällen muss der rechtzeitige Absprung gelingen – und etwas Neues ausprobiert werden.

Regel 116

„Aus gescheiterten Projekten kannst du für die Zukunft lernen. Ab und zu sind Projekte auch erfolgreich: Auch daraus kannst du lernen. Versuche genau das zu reproduzieren, was funktioniert hat."

Lessons Learned – die gewonnen Erkenntnisse eines Projektes – können sehr wertvoll für zukünftige Projekte sein. Nimm dir nach einem abgeschlossenen Projekt die Zeit, um für dich persönlich zu reflektieren, was du zukünftig vermeiden oder wiederholen möchtest. Besonders wertvoll sind größer angelegte Workshops mit dem gesamten Team.

Regel 117

„Fehler sind in Ordnung, aber ein Scheitern ist es nicht. Scheitern ist ein Fehler, von dem du dich nicht erholen kannst. Kalkuliere deshalb von Beginn an Notfallszenarien und alternative Ansätze für riskante Teilbereiche des Projektes ein."

Ein sorgfältig durchgeführtes Risikomanagement beinhaltet Krisenszenarien und Vorgaben für ein Handeln in kritischen Projektsituationen. Je größer die Auswirkungen von Risiken in deinem Projekt sind, desto besser musst du vorbereitet sein. Fehler und Krisen können nie vollständig ausgeschlossen werden. Eine gute Vorbereitung führt jedoch dazu, dass du im Ernstfall handeln und vor allen Beteiligten Kompetenz und Souveränität demonstrieren kannst.

Regel 118

„Die Vergangenheit lehrt uns: Es gab bisher kein einziges Projekt, das keine technischen Probleme mit Bauteilen hatte – trotz der hochqualifizierten Mitarbeiter und Tests an den Bauteilen. Zeit und gute Vorbereitung auf diese Probleme sind die einzigen möglichen Schutzmaßnahmen."

Technische Probleme wird es immer geben, egal wie umfangreich ein Entwicklungsprojekt geplant und durchgeführt wird. Das Auftreten dieser Probleme kann nicht verhindert werden, aber man kann sich wappnen, um mit ihnen fertig zu werden. Dazu gehört auch, für die Lösung der zu Beginn noch unbekannten Probleme Zeit einzuplanen – Stichwort: Risikomanagement.

Oft ist es geschickt, möglichst früh mit der Entwicklung kritischer Komponenten zu beginnen, bei denen Probleme zu erwarten sind. So verzögert sich unter Umständen nicht einmal der Projektabschluss, selbst wenn einmal etwas schief geht – entsprechende Ressourcen vorausgesetzt.

Regel 119

„Erfahrung ist gut – Tests sind besser. Zu wissen, dass etwas in der Zukunft funktionieren wird, ersetzt niemals den Beweis, dass es auch tatsächlich funktioniert."

Abschließende Tests einer großen Neuerung sind überall etabliert. Gefährlich sind Änderungen an kleinen Puzzlestücken, die vermeintlich fehlerfrei sind und niemals Auswirkungen auf das Gesamtsystem haben können. Je nach Projekt ist es unabdingbar, auch die kleinste technische Änderung genau zu testen, im Zweifelsfall sogar das Gesamtsystem. Im Fall einer Fehlfunktion kann ein nachweisbarer Test dir den Kopf retten – ein gutes, auf Erfahrung basierendes Gefühl jedoch nicht.

Regel 120

„Hab keine Angst vor dem Scheitern, oder du wirst nicht erfolgreich sein. Arbeite aber immer an deiner Fähigkeit, dich von solchen Krisen zu erholen. Ein Teil dieser Fähigkeit ist das Wissen, wer dir dabei helfen kann."

Wer Angst vor dem Scheitern hat, dem fehlt der Mut, den er zum Erfolg benötigt.

Scheitern im Projekt ist weder wünschenswert noch angenehm. Dennoch kann es vorkommen, und du solltest darauf vorbereitet sein. In solchen Situationen tut es gut, schon vorher zu wissen, wer dir beim Wiederaufstehen behilflich sein kann.

Regel 121

„In früheren Zeiten hatten wir bei der NASA einen Vorteil: Jeder wusste, dass alle Fakten, in denen wir uns absolut sicher waren, falsch sein konnten."

Es ist immer gefährlich, sich in Sicherheit zu wiegen – denn Projekte sind nie sicher. Scheinbar Funktionierendes kann plötzlich doch versagen, weil sich unbemerkt die Rahmenbedingungen geändert haben, oder weil vermeintlich unumstößliche Fakten sich als falsch erweisen. Eine grundsätzlich wachsame Einstellung hilft dabei, nicht betriebsblind zu werden. Sorge auch in deinem Team dafür, dass kein Alltagstrott eintritt und lass die Mitarbeiter ab und zu an anderen Aufgaben arbeiten.

Regel 122

„Technische Redundanz kann eine Illusion sein. Wir sind sehr geschickt im Bauen von identischen Dingen: Fällt eine Einheit aus, wird das auch bei der anderen passieren. Stelle sicher, dass alle Einheiten so gebaut werden, als wären sie einzigartig und unabdingbar für den Erfolg des gesamten Projektes."

Wenn die Bremse eines Zuges elektrisch gesteuert wird und wegen einer Störung in der Elektrik ausfällt, so ist eine zweite elektrisch gesteuerte Bremse keine echte Redundanz, da sie in dieser Situation ebenfalls versagt. Die erste Lösung wurde nur kopiert. Ist die Notbremse jedoch rein mechanisch realisiert, manuell auslösbar und bremst über einen idealerweise gänzlich verschiedenen Mechanismus, hat man eine wirkliche Redundanz geschaffen.

Achte auch in deinem Projekt darauf, nicht auf Scheinredundanzen hereinzufallen.

Regel 123

„Entschuldige dich nie. Präsentiere stattdessen Pläne und sage, was als Nächstes zu tun ist."

Entschuldigungen und Herausreden sind typische Anfängerfehler. Der Antrieb, sich nach Kritik zu rechtfertigen, liegt in uns Menschen tief verankert. Leider bringst du dein Projekt dadurch keinen einzigen Schritt voran. Ein Aktionsplan hingegen zeigt, dass du die Kompetenz besitzt, Rückschläge wegzustecken und nach vorn zu schauen – auch wenn es gerade keinen Spaß macht.

Zum Abschluss

Noch mehr Lust auf Projektmanagement? Dann lohnt sich ein Blick auf www.projekte-leicht-gemacht.de!

Bei uns wird Projektmanagement ernst genommen, aber trotz allem nicht verkrampft gesehen.

Wir veröffentlichen regelmäßig kostenlose Praxis-Tipps und Kniffe für den Projektalltag, das Überleben im Unternehmensdschungel und die Arbeitsorganisation von selbständigen Einzelkämpfern – eine Mischung aus gesundem Pragmatismus und formaler Theorie.

„Projekte leicht gemacht" bietet eine Vielzahl von Tools, Vorlagen und Online-Kursen für Projektmanager sowie spezielle Dienstleistungen für Unternehmenskunden.

Herzliche Grüße,

Andrea Windolph & Dr. Alexander Blumenau